歴史文化ライブラリー

446

列島を翔ける平安武士

九州・京都・東国

野口 実

吉川弘文館

目　次

武士は移動する―プロローグ……1
中世の武士は土と結びついた根生いの存在か／関東中心史観への異議／九州に成立した有力武士団／東国御家人の西遷

京都下りの飽くなき収奪者　藤原保昌

冷酷非道な日向守……12
『今昔物語集』の一説話から／受領としての藤原保昌

「兵家」黒麻呂流藤原氏……17
南家黒麻呂流藤原氏と東国／保昌の兄弟と姉妹／保昌の水軍的性格／藤原道長のお気に入り

中央権門と大宰府……27
大宰府と管内受領の対立／京都の権門と大宰府の府官

大宰府の武者　平為賢と平季基

東国から鎮西へ……34
ふるえあがる海賊たち／大宰府に仕えた武門平氏／為賢流平氏の肥前進出

刀伊の入寇……42
大宰権帥藤原隆家／「府のやんごとなき武者」たち／公雅流平氏の鎮西進出／菊池氏の祖―藤原蔵規／鎮西平氏の成立

南九州に進出する府官たち……53
魅力の地―南九州／府官平季基の南九州進出／平季基の出自／伊佐平次兼元の実像

もうひとつの長元の乱……61
摂関家領島津庄の成立／平季基を迎え入れた在地勢力／大島畠田遺跡と楕円周溝墓／大隅国へ進出しようとした平季基／季基の子孫たちの展開

南島交易と摂関家の爪牙　阿多忠景と源為朝

肥前と薩摩……74
肥前勢力の薩摩進出／肥前と薩摩を結んだ海の道

河内源氏の九州進出……78
「高橋殿」の実像／源為朝の鎮西下向／持躰松遺跡の語るもの

島津庄の発展……………………………………87
拡大する島津庄／摂関家の対外貿易拠点としての島津庄
平家政権と南九州……………………………………99
平家貞・貞能父子と九州／平家の島津庄支配／平家の西八条亭に出仕した南九州の神官
九州に進出する幕府御家人　千葉常胤と島津忠久
源頼朝の挙兵と千葉氏……………………………………110
京都の権門と結ぶ／千葉六郎大夫胤頼と律上房日胤／千葉常胤、頼朝に賭けて起つ
鎮西守護人千葉常胤……………………………………121
源範頼による九州制圧／老将常胤、鎮西を守護し、京都の治安を回復する／相撲人を出した大秦氏と阿蘇氏
東海道大将軍千葉常胤……………………………………130
千葉一族、奥州太平洋岸をおさえる／都市領主としての千葉氏
鎌倉幕府の成立と南九州……………………………………137
古代の薩摩・大隅地方／南九州の大武士団／東国御家人の西遷

島津氏の成立……145
島津忠久の誕生／東国武士の南九州移住

武士の列島展開と京都

京都七条町の成立と殷賑……152
武士を支えた都市の生産と流通／河内源氏の六条亭／平家の六波羅・西八条亭／金属製品の生産

地域間ネットワークの広がり……159
博多—京都—平泉／浄土庭園は東国にも／地方に赴いた京都の工匠たち／院・摂関家の都市と七条町／十二世紀の地方武士と京都

グローバリズムの時代を生きた武士たち—エピローグ……173
たとえば、北条時政の評価／武士は文字も書けないのか／一所傍輩のネットワーク

あとがき

略年表

参考文献

武士は移動する——プロローグ

中世の武士は土と結びついた根生いの存在か

江戸時代、多くの武士は各藩に所属したが、彼らは殿様（藩主）が将軍の命令で「お国替え」（転封《てんぽう》）になるたびに家族や家来をともなっての移動を余儀なくされた。これにたいして戦国時代以前の中世の武士は、先祖伝来の所領とともにある根生《ねお》いの動かない存在である。一九七〇〜九〇年代を中心に日本中世史研究をリードした石井進氏は、中世武士研究のバイブル的な価値をもつその著書『日本の歴史　第12巻　中世武士団』（小学館、一九七四年）で、このように論じられた。

なるほど、実力勝負で所領を拡大していたから戦国大名に転封はなかった。室町時代の大名も決まったところに勢力圏を築いていた。しかし、鎌倉時代を考えると、有力な御家人は日本列島各地に所領をもっていて、たとえば元寇のときには、九州に所領をもっている御家人は、本人がそこに居住する義務を負わされていた。場合によっては、遠隔地に本拠を移すこともあり、その場合には家人《けにん》・郎等《ろうとう》のみならず、農民までがともなわれたことが明らかにされている。

さらにさかのぼって平安時代をみると、平将門《たいらのまさかど》の乱の鎮圧に坂東《ばんどう》で活躍した武士が、藤原純友《ふじわらのすみとも》の乱の平定に西海へ向かわされることになったり、中央の軍事力として登用されて、京都を結ぶ交通の要衝である伊勢国に拠点をつくったりしている。また平家政権の時代には、東国の武士は都に出仕して内裏《だいり》を警固する大番役《おおばんやく》にしたがっており、それによって「武士」としてのステイタスを公認されていた。

武士は所領に命をかけ（一所懸命）、名字の地（本領）に執着する存在であったことは確かだが、そのあたりはもう少し相対化した方がよいように思う。儒教には定住して農業を営むことを理想とし、移動生活を悪の根源とするような政治理念があるようだが、従来の中世の武士にたいする理解には、そのようなフィルターがかかっていたようにも思われるのである。

図1　鎌倉武家政権の象徴・鶴岡八幡宮（神奈川県鎌倉市）

近畿の政権が哀退、もしくは崩壊して関東が中心地にのしあがる。どうして、それが新しい時代になるのか。歴史教育に名をかりながら、関東を美化しすぎてはいないか。近畿をおとしめているのではないか。近畿は因循《いんじゅん》姑息《こそく》で古めかしく、関東は進歩的で新しい。歴史の授業は、けっきょくわれわれに、そんな考え方をすりこんできたのではないか。『美人論』など、ユニークな文化研究の成果を世に問われている建築史家の井上章一氏は京都の研究者としての立場から、このように憤っておられる（「関東中心の歴史観に異議」『京都新聞』二〇〇七年二月十八日付）。

関東中心史観への異議

東国武士を西欧史におけるゲルマン（民族・

戦士)、京都の貴族政権をローマ帝国になぞらえて、鎌倉に武家政権である幕府が開かれたことをもって中世のはじまりとする見方は、関東中心史観の重要な要素であり、このような捉え方が半ば通説化していることは否めないことである。

武士は日本の中世社会と切り離せない存在であるが、「辺境からのうねり」のもとで「中世のかたち」が生み出されるという石井進氏の指摘を受けて、武士の生まれ育ったのは関東どころか、その先の東北地方であるという説を唱えておられるのが、東北大学名誉教授の入間田宣夫氏である(「北から生まれた中世日本」小野正敏ほか編『中世の系譜』高志書院、二〇〇四年)。

確かに、東北地方(奥羽《おうう》)は砂金が産出されるのみならず、駿馬《しゅんめ》の供給地であり、海豹《あざらし》の皮や鷲羽《わしのはね》など、武器武具の材料の供給地として武士にとって垂涎《すいぜん》の地であった。しかし、十~十一世紀の奥羽でかまびすしく活動したのは、京都下りの源氏・平氏・藤原氏の武者たちであり、最終的な勝者となった平泉藤原氏は京都と太いパイプで結ばれていたことがよく知られている。

地域からの視点は大事だが、あまり、武士を地域に縛りつけて評価するのはいかがかと思うのであるが、その一方で、これまで武士の成立史の中であまり注目されてこなかった地域で、武士はどのような活動を行っていたのか、考えてみる必要も生じてくるであろう。そのような観点から、この本では、武士が動く存在であるという認識を前提として、鎌倉幕府の樹立に至る中世成立期（平安時代の後半）に、京都や東国と関わりをもちながら九州（鎮西《ちんぜい》）で活動した武士に照明をあててみたいと思う。

九州に成立した有力武士団

武士が政治勢力として台頭しはじめた十二世紀前半から、鎌倉幕府成立のきっかけをつくった治承《じしょう》・寿永《じゅえい》内乱に至る頃にかけて、日本列島の各地には、数郡から一国ないしは二国にまたがる規模の地域的軍事権力が成立する。このような権力の担い手は「豪族的武士」と、彼によって統率された軍事集団は「豪族的武士団」と定義される。これらは主に東国に出現したが、鎮西にも多くの有力武士団が台頭していた。

筑前（現在の福岡県主要部）には北九州一帯に勢力を有した大蔵《おおくら》氏一族の嫡流たる原田《はるだ》氏、肥後（現在の熊本県）には藤原氏流の菊池氏、肥前（現在の佐賀県と対馬《つしま》・壱岐《いき》を除く長崎県）には刀伊《とい》の入寇《にゅうこう》の際に活躍した平為賢《ためかた》の子孫と考えられる肥前平氏が有明海に面した藤津《ふじつ》郡から彼杵《そのぎ》郡に勢力を広げていた。彼らはいずれも大宰府《だざいふ》府官《ふかん》（三等官以下の官人）としての権力を背景に勢力をのばした武士団である。

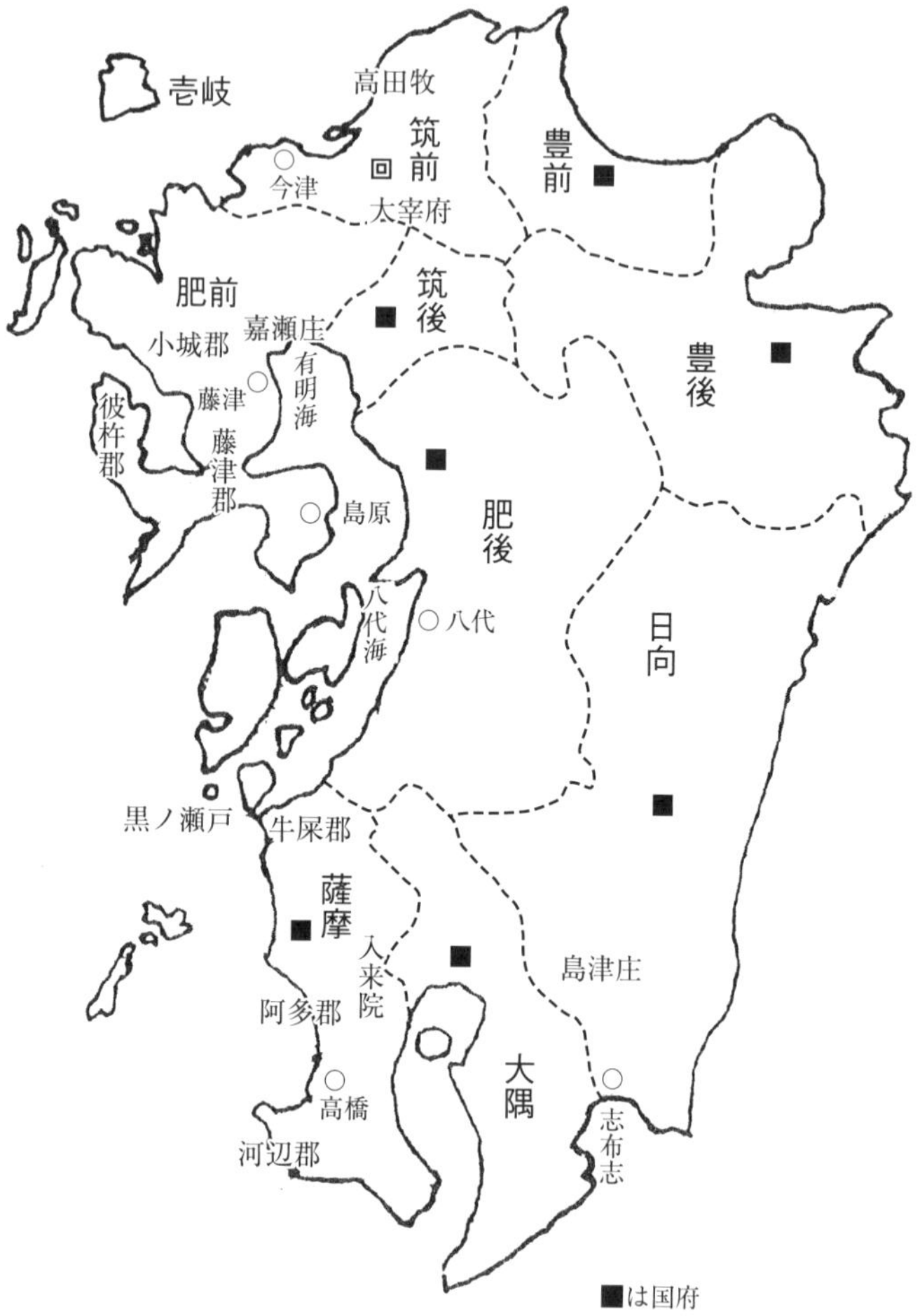

図２　平安時代末期の九州

豊後（現在の大分県の大部分）には緒方氏に代表される大神《おおが》氏の一族が展開していた。彼らの祖は『三代実録《さんだいじつろく》』仁和二年（八八六）二月二十一日条にみえる豊後介《ぶんごのすけ》大神良臣《よしおみ》、あるいは天慶《てんぎょう》の乱の勲功賞で左兵衛少志《さひょうえのしょうさかん》に補された大神高実《たかざね》と考えられている。

南九州には西岸沿いの海のルートによって肥前平氏が進出しており、その嚆矢《こうし》は万寿年間（一〇二四〜二八）の大宰大監《だざいのだいげん》平季基《すえもと》による日向国島津庄《しまづのしょう》（現在の宮崎県都城市）の立《りっ》荘《しょう》にみることができよう。季基は日向進出以前既に薩摩（現在の鹿児島県西半部）に勢力を広げていたようで、この薩摩平氏の一族は郡名を名字として国内に割拠するに至った。このうち、万之瀬《まのせ》川（南さつま市金峰町と同市加世田との境界を西に流れて東シナ海に注ぐ）の河口地域に位置する阿多《あた》郡を本拠とした阿多忠景《ただかげ》は鎮西八郎と呼ばれた源為朝《みなもとのためとも》を婿に迎え、十二世紀半ばの頃、薩摩・大隅両国を支配下におさめている。

右にあげた武士団は、軍事行動を起こした場合、そのほとんどが史料（軍記物を含む）上から、数百から数千に及ぶ軍勢を動員できることが確認できる存在である。

これらの武士団の出自をみると、阿多・菊池・原田・緒方氏、いずれもが大宰府の府官に出自をたどることができ、十世紀以来の軍事貴族の系譜を引く存在である。そして、彼らの祖はいずれも十一世紀前半までの時期に京都や東国から移動してきたことが知られるのである。

東国御家人の西遷

治承・寿永の内乱の結果、列島各地を軍事占領して地頭職《じとうしき》を獲得した東国武士たちは、その所領に一族・郎等を派遣したり、旧来の在地領主層を所務代官《しょむだいかん》・沙汰人《さたにん》などとして雇い入れ、所領管理人とすることによって、居ながらにして全国の富を掌中にできる都市領主と化した。関東御家人は、本拠地（名字の地）・鎌倉・京都と地頭職を有する遠隔地所在の所領を結ぶ列島規模の広域ネットワークの中に規定される存在となったのである。

内乱以前に九州に割拠していた武士団のほとんどは、平家に味方したという理由で滅亡ないしは没落の運命をたどることとなる。そのあとには、鎌倉幕府によって地頭が補任された。在来勢力はなんとか確保できた小規模な所領の地頭となり（小地頭《こじとう》）、その上部の広域的なエリアには幕府が惣地頭《そうじとう》を任命するケースが多くみられた。豊前・肥前・薩摩・大隅の諸国に地頭職を獲得した千葉氏を筆頭に、北九州では武藤・大友氏、南九州では惟《これ》宗《むね》氏がその代表的な存在である。のちに武藤氏は少弐《しょうに》氏を、惟宗氏は島津氏を名乗るようになり、大友氏とともに九州中世史の主役の座を占めることとなるのは周知のことであろう。

九州における武士社会の幕を上げたのは、京都や東国から移動して大宰府を拠点に活動した軍事貴族たちであった。鎌倉幕府の成立は、ふたたび九州に新しい武士勢力を移動させてくる契機、いわば九州における武士成立の第二の波になったといえる。

本書では、その第一の波の先鞭をつけた藤原保昌《やすまさ》から、第二の波の中核をなした生粋《きっすい》の東国御家人千葉常胤《つねたね》、そして摂関家の侍でありながら幕府御家人として島津庄の惣地頭になった惟宗（島津）忠久《ただひさ》に至る武士たちを取り上げ、九州における武士社会の形成を京都や東国も視野に入れながら論じていきたい。

タイトルの「平安武士」は、一般的な時代区分でいう鎌倉時代以前の武士という意味であり、特別な学術用語ではない。あえて理屈をつけるなら、「中世成立期の武士」というのでは、時代的に曖昧であり、京都の貴族社会がイメージされる「平安」と「武士」を一体化させることで、従来の東国中心の武士認識を相対化することを意図したということになるのかも知れない。

なお、史料引用にあたって、原典の割注または小文字で表記された部分は〈 〉で示し、筆者の補足注は（ ）で示した。

京都下りの飽くなき収奪者

藤原保昌

冷酷非道な日向守

『今昔物語集』の一説話から

『今昔物語集《こんじゃくものがたりしゅう》』は全三一巻（欠巻脱落がある）の説話集で、天竺《てんじく》・震旦《しんだん》・本朝《ほんちょう》の三部にわけて、古今の仏教・世俗の説話を集録。成立は十二世紀の前半と考えられており、武士や民衆、地方社会に関する記事も多く、歴史研究の資料として貴重な本である。その巻二九に、こんな話がのせられている（第二六「日向守□□□□、書生を殺す語」）。

今は昔、日向守何某《ひゅうがのかみなにがし》という者がいた。任期が終わって新任の国司が下ってくるまでに引継ぎの書類を作成しなければならないので、書生の中でもっとも能力のすぐれた者を部屋にとじこめて、古い記録を都合よく書き改めさせた。この書生は守はよからぬ人物だから、口封じに危害を加えられることを察して、逃げだそうとしたが、厳重な見張りがいて機会を得られない。とうとう書きおえると、守は懇《ねんご》ろに礼を言って絹四疋《ひき》を褒美として書生にあたえた。ところが、書生が退出しようとすると守は腹心の郎等《ろうとう》と密談しており、書生はその郎等に呼び止められる。近付いていくとたちまち二人の男に捕えられ、郎等が主人の命令で書生を殺すことになっていることを聞く。そこで書生は最後の願いとして、老母と子どもに会うことを願い、郎等に伴われて家に行き、母に事情を話して最後の別れを告げる。これを見ていた郎等も涙を流したが、やがて書生を栗林の中につれこんで射殺し首をとって帰っていった。文書の偽造だけでも重罪なのに、それを書かされた罪のない書生を殺すとは罪の深いことだ。これは重い盗犯と同じ大罪だと、聞く人はみな守を憎んだ。

書生は在地の有力者から採用された者で、都から諸国に下った受領《ずりょう》（この場合は日向守）は、税所《さいしょ》や田所《たどころ》など国衙《こくが》におかれた「所」と称する各分課に、このような現地有力者と都から帯同した子弟・郎等を配属して国内行政にあたらせていたのである。

この日向守は名前が欠字になっていて誰なのかわからない。しかし、『今昔物語集』に収載されたほかの説話と時代的に合致し、内容的にも、あくまでも主人に忠実な郎等をしたがえ、書生に一旦褒美を与え、感謝の意を示す素振りをみせながら、秘密の漏洩を防ぐために冷徹に殺害を命じるという、実に都会的な暴力団のボスを思わせるようなこの人物を、記録に残る日向守の中から選ぶとすれば、それは藤原保昌《ふじわらのやすまさ》に比定するのがもっともふさわしいと思われる。

受領としての藤原保昌

平安中期の摂関時代と呼ばれる頃、律令的な原則は破られて、徴税の方法は人から土地を対象とするようになり、地方の支配は国守の請負《うけおい》に委ねられた。したがって、国守は中央政府に納入することの決まっている一定額の物資を運上すれば、あとは任国でどのように私財を蓄えてもよいことになり、行政官というよりも徴税吏・収奪者としての側面を強くするのである。そのために国守の官職は利権化し、任国に赴任して前任の国守からその利権を受け取るという意味で、この時代の国守は「受領」と称されるようになる。律令的な地方支配が崩壊しても都の貴族たちが栄華を極め、宮廷文化を高揚させることができたのは、実はこうした支配方式の転換によるものだったのである。

藤原保昌は、まさにそのような受領としての活動を担っていた。彼が日向守に任ぜられたのは正暦三年（九九二）正月のことで、長徳四年（九九八）九月には、忠信《ただのぶ》（姓不明）な

図3　大宰府政庁跡（福岡県太宰府市）

る者が日向守に在任していたことが知られるから、一期（五年間）の在任であった。そののち、保昌は寛弘二年（一〇〇五）八月に至って肥後守に任じており、このときには大宰府《だざいふ》の少弐《しょうに》も兼任していた。大宰少弐というのは、九国二島（九州本土と対馬《つしま》・壱岐《いき》）を管轄し「人君の遠の朝廷」と称された大宰府の次官の官職名で、実質上の長官で上級貴族が任命される権帥《ごんのそち》や大弐《だいに》が赴任しない場合、大宰府の最高責任者となる存在である。

　ちなみに、保昌の父致忠《むねただ》は、長保元年（九九九）に前相模介《さがみのすけ》橘《たちばなの》　輔政《すけまさ》の男を射殺して佐渡《さど》に流されるような武人貴族であったが、その弟、つまり保昌の叔父にあたる陳忠《のぶただ》は、信濃守の任を済ませて上洛の途中、御坂《みさか》（神坂）峠で馬もろとも崖下に転落したものの、平茸《ひらたけ》をつかんではいあがり「『受領は倒るる所に土を掴め』とこそ云え」と豪語したという逸話で知られる典型的な受領であった（『今昔物語集』巻二八）。保昌もこれに劣らず、受領在任中にはあくなき収奪を事としたようで、大和守在任中の長元元年（一〇二八）十月、金峯山《きんぷせん》の僧百余人が都の大内裏《だいだいり》陽明門《ようめいもん》に群参して、保昌の徴税の厳しさを訴えることがあった。

「兵家」黒麻呂流藤原氏

南家黒麻呂流藤原氏と東国

藤原保昌の出自は南家《なんけ》藤原氏の黒麻呂《くろまろ》流で、祖父の元方《もとかた》は大納言《だいなごん》にまですすんだが、娘が村上天皇の第一皇子広平《ひろひら》親王を産んだにもかかわらず藤原師輔《もろすけ》女所生の第二皇子憲平《のりひら》親王（のちの冷泉天皇）が皇太子に立てられたために外戚の夢を絶たれ、死後は怨霊として恐れられた人物である。

この元方の曽祖父にあたる春継《はるつぐ》は常陸介に任じ、在地の豪族と思われる常陸大日《だいさかん》坂上《さかのうえ》氏の娘を妻として、上総国藻《も》原《ばらの》庄《しょう》（現在の千葉県茂原市）に住んだ。その二人の間に生まれた良尚《よしひさ》は中央に出て右近衛《うこのえの》将監《しょうげん》を振り出しに従四位上右兵衛督《うひょうえのかみ》兼相模守に至るが、幼少の頃、東国で育ったためか武芸を好み、大力・豪胆であったという。

図4　藻原庄の位置

良尚の子菅根《すがね》は文人貴族として立身したが、この良尚の剛毅で一面野蛮な東国の血は子孫に受けつがれ、保昌の世代に至って表面化することとなる。

『今昔物語集』巻二五には、保昌が名立たる大強盗袴垂《はかまだれ》をふるえあがらせた有名なエピソードがおさめられており、また巻一九にも丹後守在任中に郎等・眷属《けんぞく》と朝夕鹿狩にいそしんだ話を伝えている。そして、保昌が「志猛クシテ弓箭《きゆうせん》ノ道ニ達」り、「心太ク、手聞（利）キ、強力ニシテ、思量ノ有ル事モ微妙《いみじ》ケレバ、公モ此ノ人ヲ兵ノ道ニ被仕《つかまつら》ルニ、聊《いささか》心モト无《な》キコト无カリキ。然レバ世ニ、靡《なび》キテ此ノ人ヲ恐ヂ迷フ事无限リ」という活躍をみせたにもかかわらず子孫が途絶えたのは、彼が「兵の家」の出身でないのに武士のような活動をしたためだと人々が語り伝えたと述べるのである。

系図1　藤原氏南家黒麻呂流とその係累

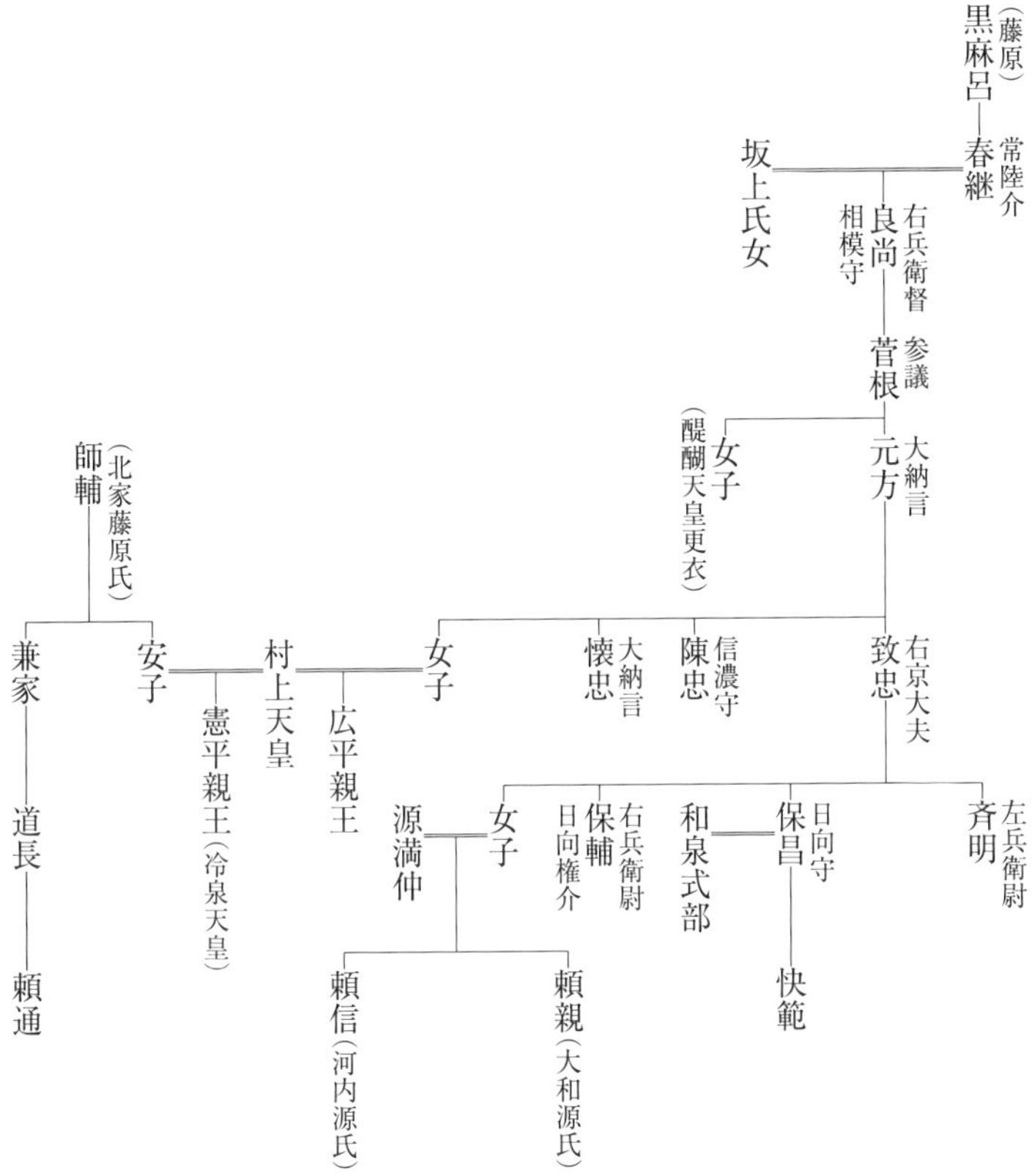

しかし、これは『今昔物語集』が武士の「家」が確立した十二世紀の所産であることに基づく結果論的な見方であって、十一世紀初頭の頃には未だ「家」は流動的側面をもっていたのである。たとえば『小右記《しょうゆうき》』長元元年（一〇二八）七月二十四日条に、郎等を殺害した左衛門尉《さえもんのじょう》藤原範基《のりもと》について「範基は武芸を好む。万人許さざる所なり。内外共に武者の種胤《しゅいん》にあらず」とみえるが、「内外」とは父方と母方の意で、これをひっくりかえせば、当時は母方が兵家であれば兵としての存在をゆるされたことを物語ることになる。ちなみに保昌の名は鎌倉時代編纂の故実書『二中歴《にちゅうれき》』の「武者」の項に源頼親《みなもとのよりちか》（大和源氏の祖）とともにみえ、説話集の『十訓抄《じっきんしょう》』の中でも源頼信《よりのぶ》（河内源氏の祖）・平維衡《たいらのこれひら》（伊勢平氏の祖）・平致頼《むねより》とならべられており、さらに南北朝時代に成立した系図集『尊卑分脈《そんぴぶんみゃく》』には「勇士武略の長」と記されている。中世の人たちは彼をれっきとした武士として認めていたのである。

保昌の兄弟と姉妹

保昌の場合、祖父元方が将門《まさかど》追討使の候補にあげられたばかりか、怨霊として恐れられており、その点でも「兵家」の生まれといってよく、前述のように父致忠は既に武者的な存在であった。そして彼の兄の斉明《ただあき》、弟の保輔《やすすけ》も殺害事件などをたびたび起こしているアウトローであった。

寛和元年（九八五）斉明は左兵衛尉の官にあったが、大江匡衡《おおえのまさひら》を襲撃した（手指を切り落とした）罪で追捕されたときに逃れて海賊となり、のちに東国に下るところを近江国で討たれており、保輔もこの年下総守藤原季孝《すえたか》を刃傷《にんじょう》して（顔面を狙った）、こちらはうまく逃げおうせている。保輔は『尊卑分脈』に「強盗の張本、本朝第一の武略、追討の宣旨《せんじ》を蒙《こうむ》る事十五度」と記されるが、このあとも自分の追捕にあたった検非違使《けびいし》の源忠良《ただよし》やその姻戚の平維時《これとき》への報復を計画していたという（この頃、彼は中納言藤原顕光《あきみつ》を木主としてその庇護に頼っていた形跡がある）。そしてついに永延二年（九八八）、彼の「旧僕」であった左近衛《さこのえ》の足羽忠信《あしはのただのぶ》の計略によって捕えられ、切腹して腸を引き出したまま投獄されて死亡したと伝えられており、後世に至って彼こそ強盗袴垂その人であったという説まで生まれている。

さらに、保昌の姉妹の一人は安和の変の密告者として知られる軍事貴族源満仲《みつなか》の妻となって、平忠常《ただつね》の乱を平定した頼信や、藤原道長がその日記『御堂関白記《みどうかんぱくき》』に「殺人の上手也」（寛仁元年〈一〇一七〉三月十一日条）と記した頼親《よりちか》を産んでいる。「兵の家」は武芸という職能を維持するために、相互に婚姻関係を結んで、その社会的地位を維持していたが、この点からも、この黒麻呂流藤原氏は「兵家」への道を明確にしていたといえるのである。

藤原保昌が九州諸国の受領に任じた背景には、彼の一族と水上交通の関わりが指摘できる。そもそも、黒麻呂流藤原氏がはじめて在地と関係をもったのは常陸であった。それが上総国に入植しているのは、太平洋ないしは香取海《かとりのうみ》（常総内海《じょうそうないかい》）のルートをおさえていたからであろう。保立道久氏は、藻原庄とともに黒麻呂流藤原氏によって興福寺《こうふくじ》に施入された田代庄《たしろ》が、上総国の東部（太平洋側）の長柄《ながら》郡と西部（東京湾側）の天羽《あまは》郡に分かれて存在することに注目し、田代庄の本拠が長柄郡にあることから、天羽郡内の所領は旧東海道の上総側の渡海点（三浦半島側からの）であり、駅も存在したこの地が、藻原・田代両庄の港湾施設＝「倉敷《くらしき》」の役割をはたしていたことを推測されている。

保昌の水軍的性格

承平《じょうへい》・天慶《てんぎょう》の乱ののち、常陸・両総を本拠とする貞盛《さだもり》（平将門の従兄弟）流と公雅《きみまさ》（同）流平氏は中央軍事貴族に登用されたが、それと同時に伊勢国に進出を遂げている。京都と坂東《ばんどう》の本拠地との間に橋頭堡を設定する意味をもったのであろう。当時の東西交通は、太平洋沿岸の海上ルートに大きく依存していたのである。

斉明が海賊として追捕されたことと、保昌が大宰府に進出して唐物《からもの》交易に関与し、さらに府官の一部を郎等に編成していた事実は彼らの水軍的性格を物語る。それは、坂東に進

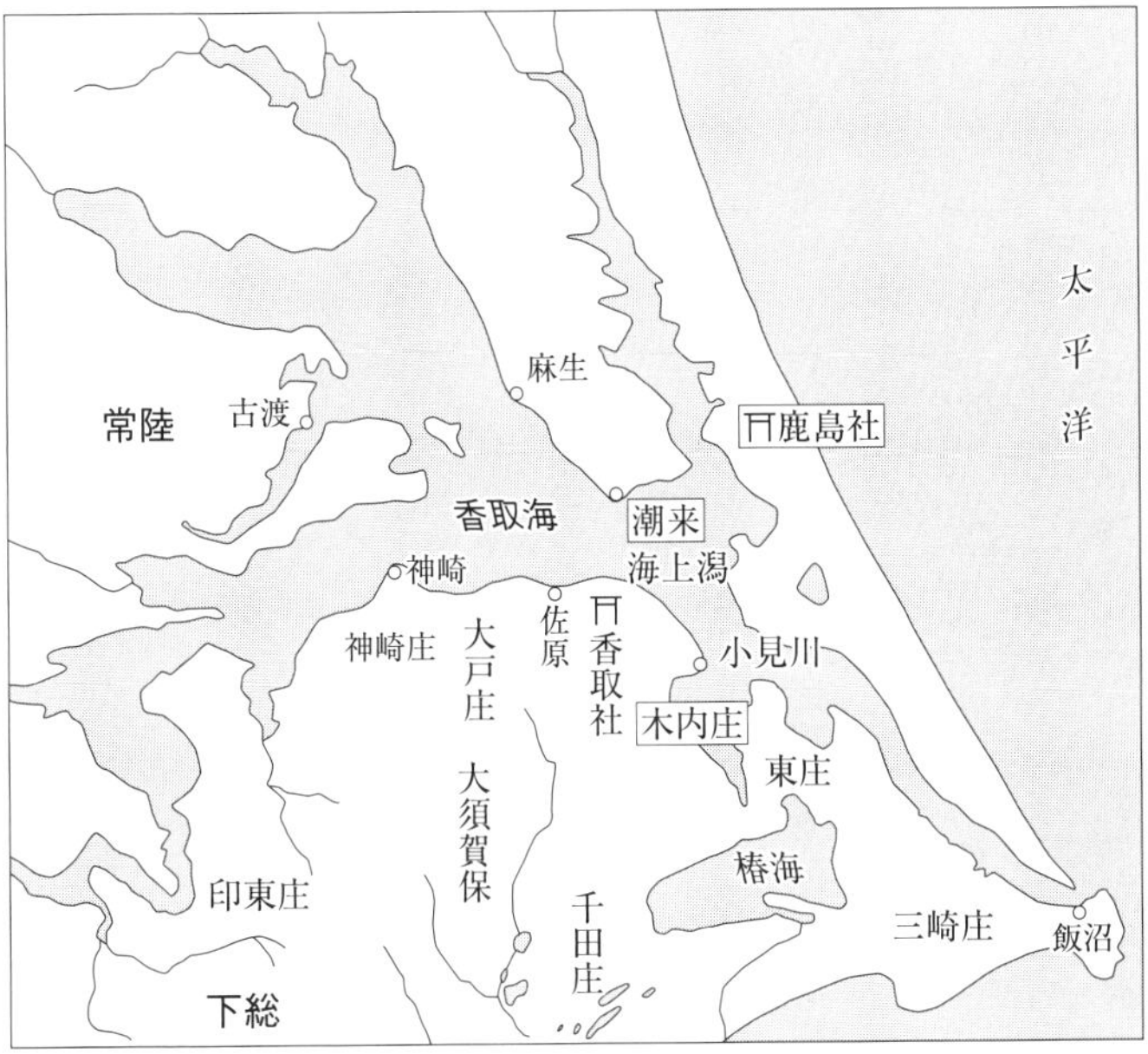

図５　香取海とその周辺（千葉県立中央博物館編『香取の海』1993年より）

出した黒麻呂流藤原氏の海上交通依存の経験によるところが大きいのではなかろうか。

なお、後述のように、保昌と同時期に貞盛流平氏と公雅流平氏がともに大宰府に進出し、鎮《ちん》西《ぜい》への展開を企図していることにも注目すべきであろう。この点からも黒麻呂流藤原氏は貞盛流平氏などと同列の兵家といい得るのである。

藤原道長のお気に入り

藤原保昌は日本史上においてさほど有名な人物ではない。でも、読者の中には、どこかで聞いたことがある名前だとお思いの方も多いと思う。そう、彼こそはまぎれもなく、あの恋に生きた情熱的な歌人和泉式部《いずみしきぶ》の夫として知られる藤原保昌、その人なのである。

保昌自身も歌人として知られる存在で、都会的なセンスも兼ね備えていたらしく、藤原道長の最愛の家司《けいし》となり、「一子のごとく」重用されるという一面も有していた。さらに、和泉式部と結ばれる以前のことであるが、道長の娘中宮彰子《しょうし》に仕えた紫式部《むらさきしきぶ》からも浅からず頼りにされる存在であったという説も唱えられている。野蛮と暴力の視点のみで捉えると、この時代の「都の武者」の本質は理解できないのである。

和泉式部はこうした武将肌のタイプの男性が好みであったらしく、先夫の橘道貞《みちさだ》も陸奥守に任じた軍事貴族であった。前九年合戦に際し、一万の兵をもって源頼義《よりよし》に来援した清《きよ》原武則《はらのたけのり》軍の、それぞれ第二陣と第四陣の押領使《おうりょうし》をつとめた橘貞頼《さだより》・頼貞《よりさだ》の兄弟は、この道貞の子孫と考えられる。

この道貞の在任から一五年ほどのちの寛仁三年（一〇一九）頃、陸奥守に任じていたのが、清少納言《せいしょうなごん》の夫だった橘則光《のりみつ》である。彼は明らかに武人肌の人物で、『今昔物語集』（巻二三の第一五）に京中の路上で追いすがる夜盗三人を切り殺した話がおさめられ、そこに「兵の家に非ねども、心極て太くて思量賢く、身の力なども極て強かりける。見目なども吉く、世の思えなども有ければ、人に所置かれてぞ有りける」と紹介されている。

ちなみに、先述のように『小右記』に郎等を殺害したことで所見する左衛門尉藤原範基は、この則光の娘の夫であった。『尊卑分脈』によると範基の兄弟の俊経《としつね》も、ちょうどこの時期に平忠常の追討にあたっていた平直方《なおかた》の娘を妻とした（源頼義《よりよし》と相婿という関係になる）という。

ところで、宮廷サロンを華やかに彩った和泉式部や清少納言の夫だった貴族が、いずれ

系図2　藤原範基の係累

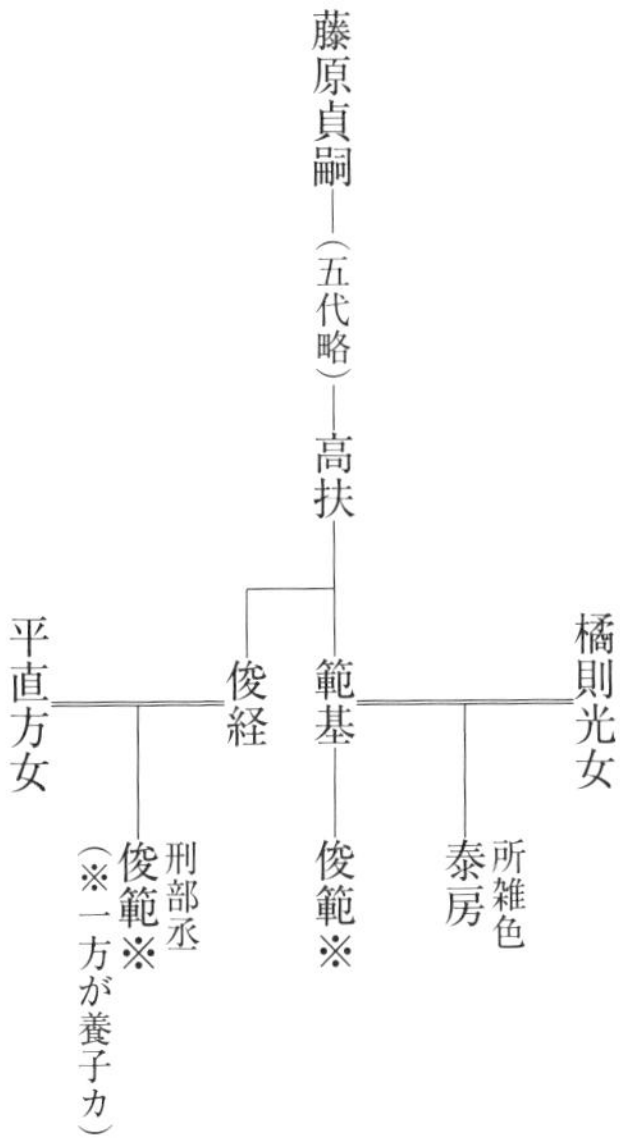

も武士的な風貌をもち、しかも砂金はもとより、武芸（軍事）専業者としての必需品である駿馬《しゅんめ》や鷲羽《わしのはね》をはじめ、莫大な異域の富をも手中にすることのできる陸奥守に任じたのは、どうも偶然とはいえないようである。藤原保昌もまた名立たる武者であり、武門の源氏と姻戚関係をもち、諸国の受領や大

宰少弐などを歴任して莫大な富を貯えていた。さらに、清少納言のライバル紫式部の従姉には、貞盛流の平維将《これまさ》の娘があり、紫式部と姉妹の約束をするほど親密な関係にあったという。

マッチョでファッショ、そして、お金持ちで少しばかり「見目ナドモ吉」い男というのは、どうも、いつの時代でも、才媛《さいえん》に大人気のようである。平安宮廷のサロンというのは、案外武士好きの女性たちばかりで構成されていたのかもしれない。

中央権門と大宰府

大宰府と管内受領の対立

鎮西（九国二島）は、中央政府とそのミニチュア版として西海道《さいかいどう》諸国の上に君臨していた大宰府の二つの権力にコントロールされていたのだが、九世紀半ばから十世紀はじめの頃になると、国守の権限の拡大によって管内諸国は大宰府からの自立の度合いを高める方向にあった。これにたいして大宰府は管国から大宰府に貢納する税の制度を強化し、また功過《こうか》判定（勤務評定）に大きく関わることをとおして管内の国司にたいする支配権を確保することにつとめていた。

さらに十世紀末から十一世紀のはじめの頃になると、大宰府長官（権帥または大弐）の職が、任中に巨富を蓄える、いわば上級貴族を対象とした一般受領の上をいく「受領」的

系図3　大蔵氏系図

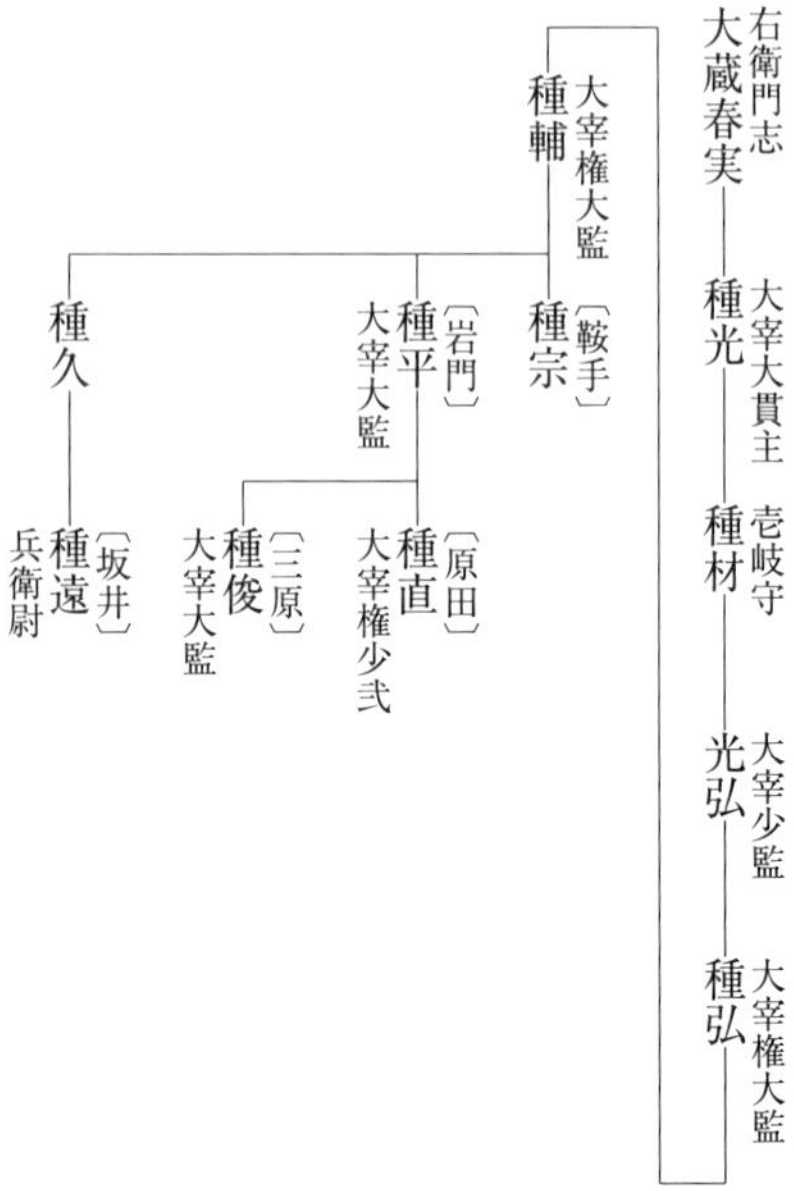

なものとなるに及び、管内国司の存在など意に介さない大宰府長官の爪《そう》牙《が》と化した府官（三等官である大監《だいげん》以下の官人で在地豪族化した者が多い）たちが、これまた利権に執着する管内諸国の受領と武力衝突を起こすような事態もたびたびみられるようになる。

たとえば寛弘四年（一〇〇七）、大宰府で大隅守菅野重忠《すがののしげただ》が大蔵満《おおくらのみつ》高《たか》に殺害されるという事件が発生している。満高は、こののち寛仁三年（一〇一九）刀伊《とい》の入寇《にゅうこう》の際に活躍する前少監《しょうげん》大蔵種材《たねき》（源平内乱期に活躍する筑前原田《はるだ》氏の祖）の子であるが（系図中の光弘と同一人物か兄弟）、殺害者としては種材自身であったとか、大監から少弐（大宰府の次官）に転じた藤原蔵規《まさのり》（肥後菊池氏の祖）とも伝えられていることや、長元四年（一〇三一）に至り、事件に連座して前大弐藤原惟憲《これのり》が取り調べを受けていることから、この一件が大宰府と管内受領の対立に起因することは明らかである。ちなみに藤原惟憲の大弐補任は治安三年（一〇二三）のことであり、その背景として、彼が時の最高権力者藤原道長の家司であったことが指摘されている。さらに大蔵種材も重忠殺害の翌年都に召喚されて左衛門府の弓場《ゆば》に留置されたが、道長の力で恩免にあずかっている。

京都の権門と大宰府の府官

前述のように、保昌は日向守を務めたあと約一〇年を経た寛弘二年（一〇〇五）、西海道諸国随一の豊かさを誇っていた肥後国の国守に任ずるとともに大宰少弐を兼帯している。このとき、大宰府の長官（大弐）は藤原道長のライバル小野宮《おののみや》（藤原）実資《さねすけ》の兄高遠《たかとお》であった。

保昌は日向守在任中の経験を生かし、またその武士的性格を利して、在地に根を張る府官たちをたくみに統制したのであろう。そして、上司からの自立と将来の栄達への布石として藤原道長への貢物も怠らなかったのである。道長の日記『御堂関白記』寛弘七年十月二十日条には、

大内より退出す。唐人の許《もと》より、種々の物を送る。保昌朝臣これを伝え献ず。

とあって、保昌が少弐在任中に唐商人とコネクションを結び、彼自身もしばしば道長に唐物を献上していたことがうかがわれる。

図6　筥崎宮（福岡市東区）

保昌がふたたび大宰府管内の国守に任ぜられる直前の寛弘二年三月十五日、前大宰権帥平惟仲《これなか》は、府官で筥崎宮《はこざきぐう》の神官を務めていた秦定重《はたのさだしげ》の宅で没した。両者の親密な関係はいうまでもないが、定重は惟仲の後任として大弐となった藤原高遠の「不善の郎等」とも伝えられており、代々の大宰府長官に直属して在地に勢力をふるったのである。定重は「京大夫《きょうのたいふ》」とも呼ばれ、京都と大宰府（博多）の間を往復して唐物を商っていた。そのことは『今昔物語集』巻二六にみえる説話によって明らかで、それによれば、定重の側からは太刀、宋商の側からは唐絹が主要な交易品であること、さらに定重が太刀生産のルートを確保して蓄財と武力保持の裏付けとするとともに、都の権門勢家と結ぶことによって、その保護を得ていたことが知られる。これは府官層一般に敷衍できる事態であった。

寛仁元年（一〇一七）三月八日の白昼、京都六角富小路《ろっかくとみのこうじ》の小宅に居住していた前大宰少監清原致信《むねのぶ》（清少納言の兄弟という説がある）が七、八騎の武者と十数人の歩兵に包囲されて殺害されるという事件が発生したが、注目すべきはこの致信が保昌の郎等であったということである。保昌は寛弘七年五月の段階で既に大宰少弐の任を離れていたけれども、おそらく在任中に結んだ府官清原致信との主従関係は継続していたのである。前述のように保昌は藤原道長の側近中の側近であり、致信にとって大きなメリットが期待できたのであろう。一方、保昌は少弐離任ののちも致信のような存在を介して唐物を容易に入手し、自身の地位上昇に大いに活用したのであった。

大宰府の武者

平為賢と平季基

東国から鎮西へ

ふるえあがる海賊たち

大宰府で活躍した「武者」を語るにあたって、ふたたび、『今昔物語集』にのせる説話から話をはじめよう。以下は巻二八の第一五「豊後の講師、謀りて鎮西より上る語」のあらましである。

今は昔、豊後国の国分寺の講師をつとめる僧があった。講師の任期が終わったので、再任を願うために用意した財を船に積んで京都に上ることにした。そのとき、知り合いの者たちが、「近ごろ海賊が多いそうだ。なのに兵士も伴わずに上洛するのは分別のないことだ。誰か然るべき者を具して行った方が良い」と助言したのだが、この講師は「万が一海賊の物を奪い取ることがあっても、自分の物を海賊が取ることなどあろうはずがない」と言い放ち、船に胡簶《やなぐい》を三腰ばかり積み込んで、兵士らしい者は一人も連れずに都に向かった。航海の途中、二、三艘の船に取り囲まれたが、講師は恐れる様子もない。海賊船が近づいて来るのを見た講師は緑色の直垂《ひたたれ》に柑子色の帽子をかぶり、海賊に向かって「食糧も絹の類も好きなだけ持って行けばよいと思うのだが、しかし、九州の者たちがこの話を聞いて『伊佐《いさ》入道が海賊に出会って、積み荷を取られた』などと言われては困る。この能観《のうかん》はもう齢八十になろうとしている。東国での合戦に生きながらえて、八十になってお前たちに殺されるのも何かの報いだろう。さっさとこの船に乗り移って、この老法師の首を掻き落とせ。こちらの船の者共は刃向かいしてはならぬ。自分は出家の身だから合戦をするつもりはないぞ」と言った。これを聞いた海賊は「この船には伊佐の平新発意《しんぼち》が乗っておられるのか、それは大変、早く逃げろ」と言って鳥が飛び去るように逃げて行った。講師は、それを見て「ほら、言ったとおりになっただろう」と言い、都に上り、再任を果たして豊後に戻っていった。人はこの話を聞くごとに「この講師は伊佐新発意にもまさる大した奴だ」と笑いあったということだ。

豊後国分寺（現在の大分市国分に所在）の講師の任を終えて海路を京に上る途中の老僧

が自らを「伊佐ノ平新発意能観」と偽って海賊の難を切り抜けたという話である。能観は「東ノ度々ノ戦ニ生遁テ」という東国における歴戦の兵であり、その名を聞いただけで海賊も恐れ逃げだすという猛者であった。ちなみに、「新発意」とは、発心して（仏門に入って）間もない人という意味である。

この能観とは何者だろうか。東国出身であり、氏は平で伊佐は本拠地の地名であろう。そして、時は十一世紀はじめの頃。これに該当する人物としてあげられるのが平　為賢《たいらのためかた》である。

為賢は桓武平氏の出身で、将門《まさかど》の乱鎮圧の功労者貞盛《さだもり》の弟繁盛《しげもり》（常陸平氏の祖）の孫にあたり、その本拠は常陸国伊佐郡（現在の茨城県筑西市）にあった。「伊佐平新発意」と呼ばれるにふさわしい。彼は寛仁三年（一〇一九）、大陸から刀伊《とい》（中国の東北地方の辺りにいたツングース系女真族《じょしん》）の賊が北九州に襲来した（刀伊の入寇）際に大宰府《だざいふ》の府官たちとともに大活躍した武士である。だから、その勇名は瀬戸内の海賊たちのよく知るところであったろう。当時の武者は大地に根づいた存在ではなく、職業的戦士として活動する場を求めて列島各地をさかんに移動していたのである。

大宰府に仕えた武門平氏

将門の乱の鎮定に活躍した結果、東国を離れて都の武者（中央軍事貴族・兵家貴族）として中央政府に編成された平貞盛や公雅《きみまさ》の子孫たちは、権門貴族の傭兵隊長として活躍するようになったが、とりわけ武力の期待される辺境に赴く受領の郎等《ろうとう》として採用される機会が多かった。

寛仁三年（一〇一九）、大陸から刀伊の賊が北九州に襲来した際、これを迎撃した武力のうち「府のやんごとなき武者」と呼ばれた者たちは、大宰府の現地長官である権帥《ごんのそち》ないしは大弐《だいに》に任命された高級貴族の傭兵隊長として下向した者やその子孫たちであった。当時、権帥・大弐は公設の護衛官である傔仗《けんじょう》のみならず、府官や管内諸国の介《すけ》（次官）の推挙権を有していたらしく、彼らは鎮西《ちんぜい》に勢力を扶植するうえで好都合な公権を帯していたのである。

さて、十世紀半ばから刀伊の襲来の時点までに史料に所見する大宰府関係者のうち、史料から貞盛・公雅流平氏の出身であることがほぼ確定できるのは以下のとおりである（上から所見年・官位と名・典拠）。

①永観二年（九八四）　大宰権少監《だざいのごんのしょうげん》正六位上平朝臣《あそん》致忠《むねただ》　『除目大成抄《じもくたいせいしょう》』

②正暦四年（九九三）　従三（五）位下行権大監《ごんのだいげん》平朝臣致光《むねみつ》　江見左織氏所蔵文書

③長徳二年（九九六）　大監正六位上平朝臣中方《なかかた》　『小右記《しょうゆうき》』
④寛弘九年（一〇一二）　平致行《むねゆき》（十二月任少弐・前府官）　『吉記《きっき》』
⑤　同右　正六位上平朝臣致友《むねとも》（権帥藤原隆家《たかいえ》傔仗）　『類聚符宣抄《るいじゅうふせんしょう》』
⑥寛仁三年（一〇一九）　散位（位階をもつが官職がない）平朝臣為賢　『朝野群載《ちょうやぐんさい》』
⑦　同右　平朝臣為忠《ためただ》　同右
⑧　同右　少弐《しょうに》（前少弐）平朝臣致行　同右

これらのうち④⑧の致行は同一人物とみてよく、彼は府官から少弐に抜擢され、任終ののちも鎮西にあったようで、刀伊の襲来の際には十余艘の兵船を整えて退却する賊徒の追撃にあたるという出色の活躍をみせている。この致行をはじめとして、①の致忠、②の致光、⑤の致友は名に「致」の字を共有していることから、血縁者とみることができよう。『尊卑分脈《そんぴぶんみゃく》』などによって、彼らの世系を掲げておこう。

「致」を名の通字とする公雅流のほかに世系が明確なのは③の中方と⑥の為賢である。中方は系図に維時の子として所見する。また為賢と⑦の為忠は「為」を通字とする血縁者とみられるが、このうち為賢の名は繁盛流の常陸平氏の系統にみいだすことができるのである。

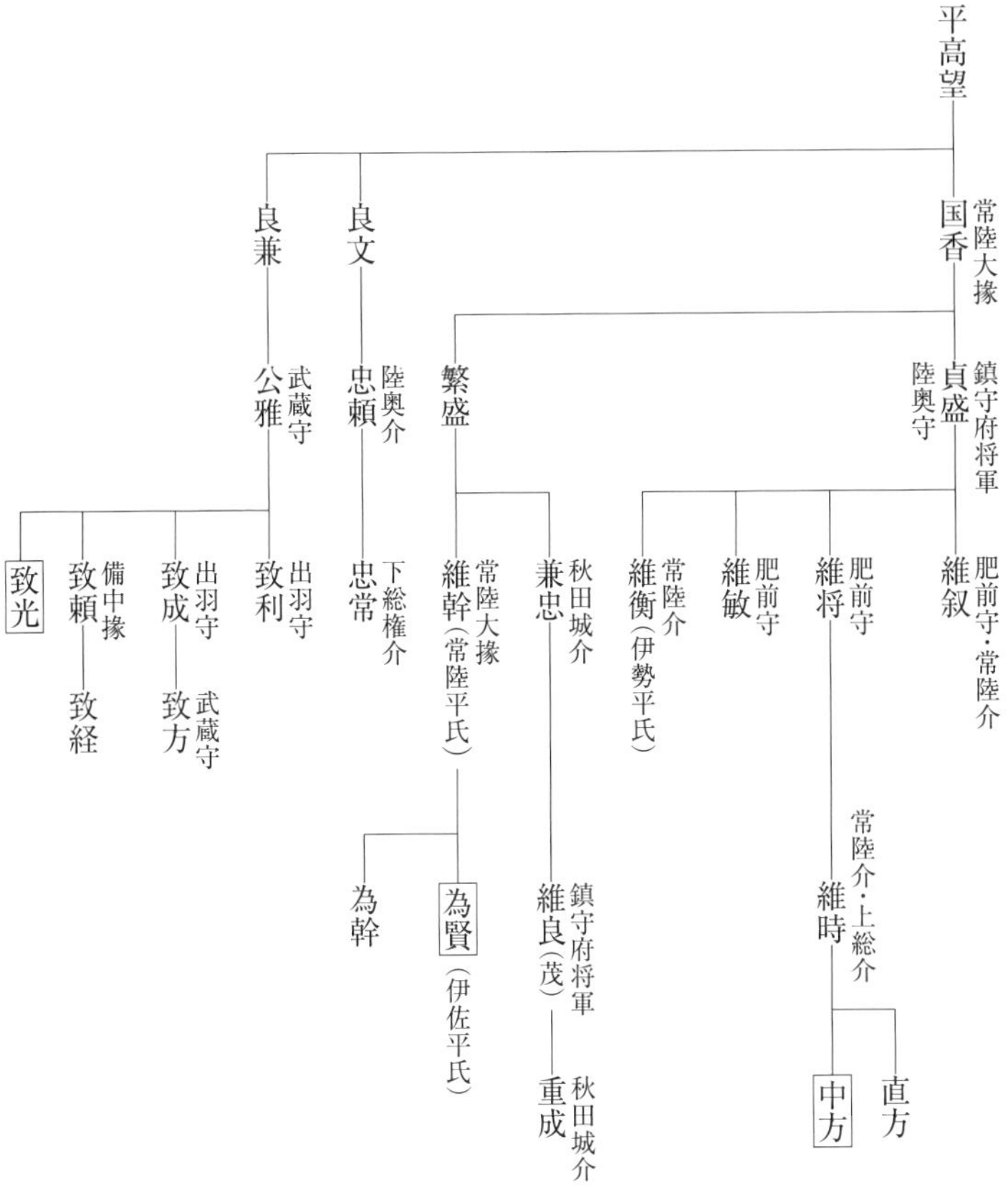
平高望
国香　常陸大掾
貞盛　鎮守府将軍　陸奥守
維叙　肥前守・常陸介
維将　肥前守
維時　常陸介・上総介
直方
中方
維敏　肥前守
維衡　常陸介（伊勢平氏）
繁盛
兼忠　秋田城介
維良（茂）　鎮守府将軍
重成　秋田城介
維幹　常陸大掾（常陸平氏）
為賢（伊佐平氏）
為幹
良文
忠頼　陸奥介
忠常　下総権介
良兼
公雅　武蔵守
致利　出羽守
致成　出羽守
致方　武蔵守
致頼　備中掾
致経
致光
系図4　平氏系図

先にみたように、十世紀末から十一世紀のはじめの頃、大宰府には多くの平氏系の府官が在任したのであるが、最終的に鎮西に一定の地歩を築くことができたのは、この為賢の子孫のみであったらしい。鎮西に進出した為賢流平氏が本拠にえらんだのは肥前国であった。すなわち、後述するように、後世真義真言宗の派祖と称された覚鑁《かくばん》の父は肥前国藤津庄《ふじつのしょう》（現在の佐賀県鹿島市・藤津郡周辺）を本拠とする伊佐平次兼元《へいじかねもと》と伝えられており、この伊佐氏こそ「伊佐ノ平新発意」と呼ばれた為賢の子孫とみられるからである。

為賢流平氏の肥前進出

為賢流平氏が肥前に勢力を伸ばすことのできた背景として注目されるのは、以下のように、十世紀末期に集中的に維叙《これのぶ》・維敏《これとし》・維将《これまさ》（あるいは維時《これとき》）といった貞盛の子息たちが肥前守《ひぜんのかみ》に任じていることである（名・所見年月日・出典の順）。

平維叙　永観元年（九八三）八月（補任）　『類聚符宣抄』
平維敏　正暦四年（九九三）二月九日（見任）　『小右記』
　　　　同　五年（九九四）三月十三日（没）　『本朝世紀《ほんちょうせいき》』
平維将　長徳元年（九九五）十月十八日（補任）　『権記《ごんき》』『本朝世紀』

為賢の父維幹《これもと》は貞盛の弟繁盛の子であるが、一族の勢力拡大を意図した貞盛の養子になっており、維叙以下が肥前守在任中に国内に設定した私領を為賢が継承するということは十分にありうることである。中央軍事貴族として国守に補任されるだけの地位を築いた貞盛の子息たちは、彼ら自身および一族が利害関係を有する国（肥前のほかに陸奥・伊勢・常陸など）の守あるいは鎮守府《ちんじゅふ》将軍などの地位を積極的に望み、そうして得られた公権力を背景として、自身・一族の在地における勢力を拡大していったのであった。

刀伊の入寇

寛仁三年（一〇一九）三月二十八日かその前日、突然約五〇艘の賊船が対馬《つしま》に襲来し、島民三六人が殺され、三八二人が捕らえられ、住屋四五宇が焼かれた。いわゆる「刀伊の入寇」はこうしてはじまった。

大宰権帥藤原隆家

このとき、大宰府の長官（大宰権帥）をつとめていたのは、「中関白《なかのかんぱく》」と呼ばれた藤原道隆《みちたか》の子で、道長と権力の座を争って敗れた伊周《これちか》や清少納言《せいしょうなごん》が仕えた藤原定子《ていし》の弟にあたる藤原隆家《たかいえ》であった。隆家は長く眼病を患っており、宋の名医が居留し、薬が手に入りやすいというので、自ら望んで大宰府に下向していたのである。この年はちょうどその任期が終わる年にあたっていた。

彼は若年の頃から武芸を好んで、剛勇をもって知られており、『大鏡《おおかがみ》』(第四巻)によると、大宰府に赴任して以来、善政をもって臨んだので、九州こぞって従い、人望を集めていたという。大宰府の官人(府官)や在地豪族にも彼の威令は十分にいきわたっていた

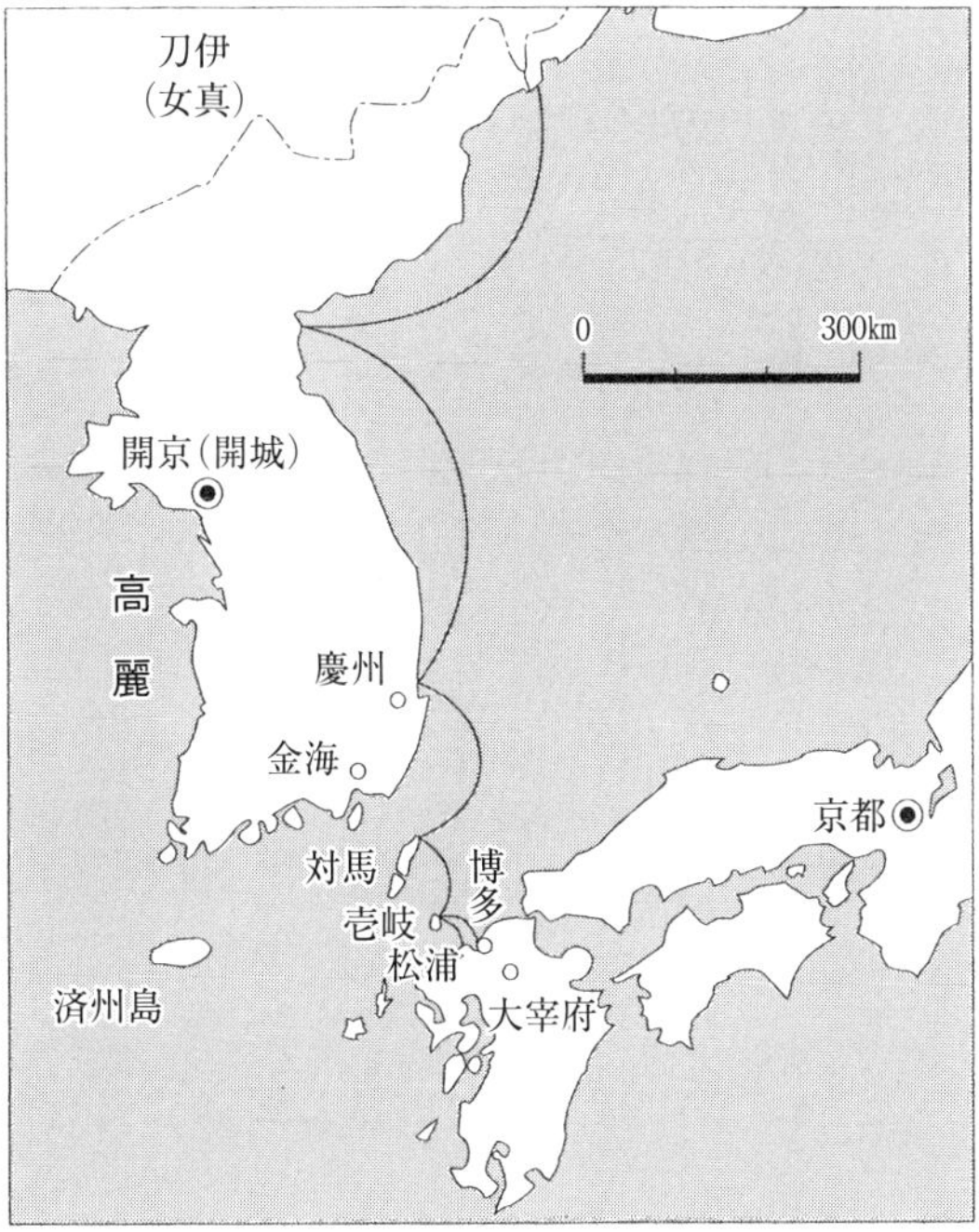

図7　刀伊襲来の経路(野口実「藤原隆家」元木泰雄編『王朝の変容と武者』清文堂出版, 2005年より)

ようである。
壱岐国《いきのくに》から刀伊の襲来が大宰府に報じられた四月七日には、既に賊は博多湾に入って、九州本土を脅かしていた。この日と翌日、隆家は相次いで政府に飛駅使（早馬）をもって解文《げぶみ》（上申書）を送り、現地の惨状を報告するとともに、自ら軍を率い、警固所《けいごしょ》に到って合戦すべき旨を伝え、意気盛んな様子を示している。

賊船迎撃の主体となったのは前任者を含む大宰府関係の武者たちで、彼らと、賊に襲われた地域の在地豪族たちの活躍により、賊は一週間程で日本近海から姿をくらました。この事件による被害は殺されたり捕らえられた者の総数が一六五四人にも及ぶなど甚大なものがあったが、大宰府関係の武者たちと在地住人が一丸となって迅速に迎撃体制をとることができたのは隆家の力量に負うところが大きかったであろう。逃走する賊軍を追撃する兵船に高麗との国境を犯さぬように命じていることなど、隆家の指揮は最後まで適切なものがあった。

「府のやんごとなき武者」たち

刀伊の襲来に際して隆家の指揮のもとで勇戦したのは、少弐藤原蔵規《まさのり》・前少弐平致行・大監藤原致孝《むねたか》・前大監藤原助高《すけたか》・前少監大蔵種材《おおくらのたねき》・前監藤原明範《あきのり》・散位平為賢・平為忠・傔仗大蔵光弘《みつひろ》・藤原友近《ともちか》、それに友近の随兵紀重方《きのしげかた》といった大宰府関係者と在地住人の前肥前介源知《みなもとのさとる》・筑前志摩《しま》郡住人文室忠光《ふんやのただみつ》・筑前怡土《いと》郡住人多治久明《たじのひさあき》・大神守宮《おおがのもりみや》・権検非違使《けびいし》財部弘延《たからべのひろのぶ》らであった。

平為賢については先に述べたとおり。大蔵種材は藤原純友《すみとも》の乱の鎮定に活躍した大蔵春実《はるざね》の孫。また、平致行と藤原蔵規・明範も「武芸者」として知られる軍事貴族で、彼らは総じて「府の無止（やんごとなき）武者」と呼ばれていた（『小右記』寛仁三年〈一〇一九〉四月二十四日条）。「やんごとなき」とは「高貴である」ということで、前述のように、彼らは朝廷から大宰府の少弐・大監・少監に任命されたり、帥ないしは大弐に任命された高級貴族の傭兵隊長として下向した中央出身の軍事貴族とその子孫たちであった。

さらに、在地住人である源知は嵯峨《さが》源氏あるいは仁明《にんみょう》源氏系で、のちに倭寇として活動した肥前松浦《まつら》党の祖と目される地方軍事貴族、文室忠光も寛平六年（八九四）に新羅の賊を撃退した対馬守文室善友《よしとも》の子孫と考えられている。

公雅流平氏の鎮西進出

ここで注目したいのは平致行である。将門の乱鎮定の功労者の一人で、安房・武蔵守を歴任した軍事貴族平公雅の子息・子孫は、そのほとんどが「致」を名の通字にしているから、彼もその一族である可能性が高い。前述のように、将門の乱のあと、中央政府に登用された平貞盛の子孫は、京都に近く東国との海陸交通の中継点となる伊勢に進出を遂げたが、この公雅の子孫たちも同じ動きを示している。すなわち、公雅の子の致光は寛和二年（九八六）には滝口（天皇の護衛官）であったことが知られ、長徳二年（九九六）頃には中関白家（藤原隆家の父道隆の一族）の傭兵隊長のような立場にあった。そして、その翌々年には、彼の兄弟にあたる致頼《むねより》が、伊勢国で伊勢平氏の祖となる維衡《これひら》（貞盛の子）とテリトリーを争って、抗争事件を起こしているのである。

ちなみに、『尊卑分脈』などの諸系図は、致光を「大宰権大監」ないし「大宰大監」としており、致行は寛弘九年（一〇一二）十二月に少弐に補任される以前から大宰府で活動していたこと（おそらく大監として）が明らかなので、致光と致行は同一人物の可能性がある（江見左織氏所蔵文書の正暦四年〈九九三〉八月二十八日付「大宰府解」に「従三位下行権大監平朝臣致光」とあるのと齟齬が生じるが、これが信頼性に欠ける史料であることは位階の誤りに端的である）。刀伊の襲来のときに現任の大監であった藤原蔵規は、都で東宮坊帯刀《とうぐうぼうたちはき》舎人《とねり》（皇太子の護衛官）から左兵衛尉《さひょうえのじょう》を経て大宰府に着任し、大監から少弐にすすんでいるが、致行と致光が同一人物であるとすると、その官歴（滝口→衛府尉→大監→少弐）もほぼ整合するのである。

また、ほかに大宰府に進出した公雅流平氏一族とみられる者としては、永観二年（九八四）に権少監に任じた平致忠の存在が知られる。また、藤原隆家は大宰府赴任にあたって、自らの護衛を任とする傔仗に平致友なる者を起用しているが、彼もまた公雅の子息であろう。

こうみると、隆家の権帥補任以前から、大宰府には中関白家の傭兵隊長の一族である公雅流平氏が大きな基盤を築いていたことになる。刀伊の入寇に際して、隆家が大宰府にあったことは、王朝政府にとって実に幸運なことであったといえよう。一方、致行らの側にとっても、本主たる隆家の権帥在任は、鎮西における彼らの利権拡大に大きく資するものがあったはずである。刀伊襲来事件の終盤、致行が自ら十余艘の兵船を整えて、退却する賊船を追撃するという出色の活躍を示した背景には、かかる事情が存在したのであった。

菊池氏の祖　―藤原蔵規

隆家にとって公雅流平氏が中関白家最盛期以来の家人であったとすると、大宰府赴任を契機として関係を強めたのが藤原蔵規の一族である。蔵規の出自は明らかでないが、東宮帯刀から左兵衛尉に任じた経歴は当時の「兵家貴族」の子弟にふさわしいものが認められる。その後、通常のパターンでは検非違使衛《え》門尉《もんのじょう》に任じ、叙爵（叙従五位下）されてから受領《ずりょう》となるのだが、蔵規の場合は大宰府の

図8　筑前高田牧の外港であった津屋崎の現況（福岡県福津市）

大監となり（竹内理三氏は、寛弘二年〈一〇〇五〉正月の除目で大宰府権大監に任じられた正六位上藤原孝隆《のりたか》が蔵規と同一人物である可能性を指摘されている）、長和四年（一〇一五）二月、少弐にすすみ、治安二年（一〇二二）四月に至って対馬守に補されている。

蔵規の史料上の初見は、『小右記』長和二年七月二十五日条の、彼が亮範《すけのり》なる者に託して藤原実資《さねすけ》（時に権大納言）に唐物《からもの》をすすめたという記事で、このとき彼は実資の所領である筑前国高田牧《たかだのまき》（範囲は宗像《むなかた》郡・遠賀《おんが》郡、さらには糟屋《かすや》郡にも及ぶ）の牧司をつとめていた。おそらく彼は在京時代から実資を本主と仰いでおり、大宰府赴任と同時に実資から高田牧司に補されたのであろう。ちなみに、隆家は実資を敬仰し、両者は親密な関係にあり、大宰府への赴任も実資の支援によるところが大きかった。そのような隆家にとって、蔵規はとりわけ頼むに足る存在であったに相違あるまい。

この蔵規が外国貿易によって巨富を得ていたことは、諸史料から明らかで、かつて、彼をもって『源氏物語』（玉鬘《たまかずら》）に登場する「大夫の監」のモデルに擬する説が唱えられたこともあった。

長暦元年（一〇三七）八月十日、隆家はふたたび大宰権帥に就任し、長久元年（一〇四〇）まで在任しているが、その長久元年の四月十日夜、京中で前肥後守藤原定任《さだとう》が殺害されるという事件が発生した。犯人は、このとき、肥後国から運上物押領使《うんじょうぶつおうりょうし》として上洛していた同国の住人藤原蔵隆《まさたか》（政隆）で、蔵隆追討の官符は五畿七道に下されることとなる。そして、この蔵隆は父の則隆《のりたか》（五位の位を帯する）とともに「隆家之郎頭（郎等）」「隆家第一之者」であった。ために人々は隆家を疑ったという。

ここにみえる則隆は刀伊襲来時の大宰府大監藤原蔵規の子である。この一族は大宰府府官の立場を利用して、鎮西でもっとも豊かな肥後国に進出をはたし、受領と対立するような事態を引き起こしていたのであろう。中世に至り、彼らの子孫は、同国菊池郡を本拠に

系図5　菊池氏系図（『新熊本市史 通史編二』一九九八年より）

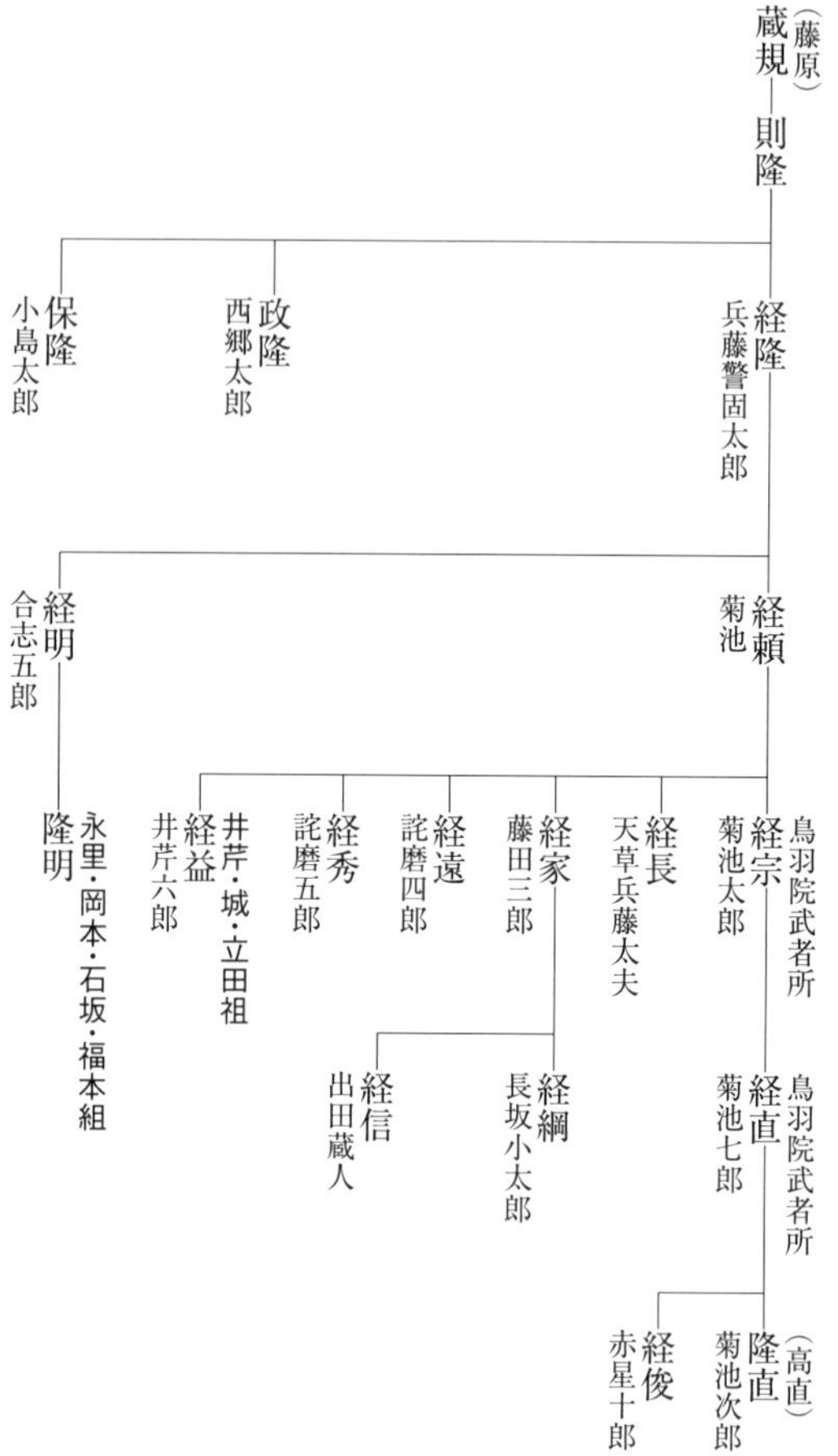

雄族菊池氏として華々しい活躍をみせることになる。

鎮西平氏の成立

刀伊の入寇事件における平為賢の活躍はめざましいものがあった。寛仁三年（一〇一九）四月九日、博多の警固所が襲撃されたときには、まず為賢と彼の一族とみられる為忠が「師首」として敵軍に馳せ向かい、多くを射殺した。彼らの射た鏑矢《かぶらや》の不気味な音が、賊軍を恐怖に陥れたらしい。為賢らは弓射騎兵たる武者として、面目躍如たるものがあったことであろう。

同十一日、志摩郡の船越津《ふなこしのつ》に現れた賊軍は、翌日午後に至って上陸を開始したが、待ち受けていた軍勢に迎撃されて四〇人を損じて退去した。このとき、平致行や為賢らは船三十余艘で追撃している。事件終結のあと、大宰府は勲功者の注進状を政府に送っているが、その勲功者のトップに為賢の名があげられているのも由無きことではなかったのである。彼の武名は鎮西のみならず瀬戸内に展開した海賊たちにも知れ渡ったことであろう。

彼は出家した後、「伊佐ノ平新発意」の名で呼ばれたが、本章冒頭に述べた『今昔物語集』巻二八の第一五は、その武名の広まりを如実に伝えた説話といえよう。豊後の講師が船に胡籙（矢を入れて、右腰につけて携帯する武具）を三腰ばかり積み込んだというのも、能観（為賢）が弓射の技量にすぐれていたことが周知されていたことを踏まえた所為なのであろう。

前述のように、この為賢の子孫は国守を歴任した同族の助力を得て、肥前国に勢力を張ることに成功した。一方、公雅流平氏は、本主中関白家の凋落と伊勢国で貞盛流平氏との抗争（為賢の一族である維衡と、致光らの一族である致頼—致経の抗争）に敗北した結果、鎮西においてもその勢力を失墜させていったらしい。結局、平安後期から南九州に勢力を広げていく平氏系武士団は、この肥前に勢力を扶植した為賢流平氏に一元化されることになるのである。以後、この系統を「鎮西平氏」と呼ぶこととしたい。

南九州に進出する府官たち

魅力の地――南九州

鎮西諸国のうち、南九州の日向・大隅・薩摩は特に大宰府の強い統制下におかれていた。たとえば、調庸《ちょうよう》の綿は鎮西九国のうち筑前以下六ヵ国の分は都に運上されるが、上記三ヵ国の分は大宰府に供されることになっていたし、任期中の国司の入京も大宰府長官の統制を受けていたのである。

そのようなことから、大宰府の関係者の中にはその立場を利用して、南九州に所領を獲得しようとする動きをみせる者が現れる。右大臣小野宮《おののみや》（藤原）実資の日記『小右記』長元二年（一〇二九）八月二日条には、大隅国に住む良孝《よしたか》朝臣が色革六〇枚・小手革六枚・赤木二切・檳榔《びんろう》三〇〇把・夜久貝《やくがい》（夜光貝《やこうがい》）五〇口を実資に進上したという記事がみえる

図9　大隅国府跡（鹿児島県霧島市）

が、この良孝は同年大隅国で大宰大監平季基《すえもと》に住宅を焼かれた「散位藤原良孝」と同一人物とみられ、さらに『類聚符宣抄』所収の長和四年（一〇一五）四月七日「太政官符《だじょうかんぷ》」に権帥藤原隆家の傔仗としてみえる「正六位上藤原朝臣如孝《よしたか》」も彼に同定できるのではないかと思われる。

一方、『除目大成抄』には、寛弘二年（一〇〇五）春の除目の際、藤原実資の推挙で大宰権大監に任じた藤原孝隆なる者がみえ、また刀伊の入寇のとき、大監に藤原致孝があり、名の類似から、彼らも良孝の一族である可能性がある。ちなみに、大宰府関係者にとって南九州がどのような点で魅力があったかということは、先にみた藤原良孝の貢納品に一目瞭然であろう。

十一世紀の後半に成立した『新猿楽記《しんさるがくき》』に「利を重くして妻子を知らず。（中略）一をもて万と成し」という八郎真人《まひと》なる「商人の主領」が登場する。彼は「東は浮囚《ふしゅう》（俘囚）の地にいたり、西は貴賀（貴海《きかい》）が島に渡」って交易・売買に励み、「泊・浦にて年月を送り定まれる宿なし」という、現代の猛烈商社マンのルーツのような人物だが、その商品の中にあげられている赤木（南島からの貢納品で経巻の軸木などに用いる）・蘇芳《すおう》（染色に用いる）・夜久貝（屋久島で産す）・紫（紫草、染料）・色革（色染めしたなめし皮）などは、南島や南九州の特産品で、都で珍重されたものであった。これらを入手することこそ南九州に進出した大宰府関係者の大きな目的だったのである。

府官平季基の南九州進出

万寿年間（一〇二四〜二八）大宰大監平季基が、日向国諸県《もろかた》郡島津一帯（現在の宮崎県都城市）を宇治関白藤原頼通《よりみち》に寄進した。ここに島津庄の成立をみるのであるが、その背景として、日向国府から大隅国府に通じる官道が通過するだけでなく、南島や大陸との交易の拠点となった志布志《しぶし》に通ずる交通の要衝に、この地が位置していたことを忘れてはならない。

図10　神柱宮旧鎮座地（宮崎県梅北町）
近代になってから都城市内に遷座され，現在は黒尾神社がある。

島津庄の成立に関する史料として第一にあげられるのは正応元年（一二八八）六月の「島津庄々官等申状」（旧記雑録前編巻九）である。これには、

島津本庄《ほんしょう》は、万寿年中、無主の荒野の地をもって、開発せしめ、庄号を宇治関白家（藤原頼通）に寄進せしめて以降、長元年中伊勢太神宮〈神告により神柱《かんばしら》を号す〉を崇め奉り、宇佐八《うさはち》幡《まん》已下五社を鎮守となし、七堂伽《が》藍《らん》を建立せしめ、其の題額を常楽寺《じょうらくじ》と称す。このほか諸寺諸山御願寺《ごがんじ》、其の数これ多し。

とあって、その成立が万寿年中であることが知られ、さらに建暦三年（一二一三）四

月日「僧智恵中状案」（長谷場文書、『鎌倉遺文』二〇〇二号）には、御庄（島津庄）建立の主平大監季基朝臣の御子息平五大夫兼輔《かねすけ》朝臣の時、とみえ、大宰大監平季基の寄進によるものであることがわかる。これらの史料は鎌倉時代のものであるが、大宰大監平季基については、後述するように『小右記』に所見し、『類聚符宣抄』三所収の大宰府関係の文書にも「従五位下行大監平朝臣季基」とみえるから、その実在は確実である。ところが、この季基の名は今日伝えられている系図に、まったく現れないのである。

平季基の出自

後世にまとめられた史料であるが、『高野山伝法院本願霊瑞并寺家縁起』（上）に、新義真言宗の開祖として有名な覚鑁《かくばん》（興教大師《こうぎょうだいし》）の出自に触れて以下のような記事がある。

親父は肥前府知津の荘〈或いは藤津《ふじつ》〉惣追捕使《そうついぶし》伊佐平次兼元《かねもと》〈或いは悪平三《あくへいぞう》〉、杵木（彼杵《そのぎ》）党なり。母は同国の有徳の娘、橘《たちばな》氏の女なり。親父はしばしば勅勘《ちょっかん》を蒙《こうむ》り、鎮西に居住するの時、異国の凶党、当国の津に着するの間、戦陣に走り向い、彼らを禦《ふせ》ぐ。弓を彎《ひ》き箭《や》を放つ勢いは、（中略）遂に則ち凶党の頭を取り、上洛せしむるのところ、伊佐平次に於いては、大宰少弐に補し、四箇国を領すべきの旨、宣下せられおわんぬ。

平氏系の武士で「伊佐」を名乗る兼元は、刀伊の入寇の際に活躍した平為賢＝「伊佐ノ平新発意能観」（あるいは一族）の子孫とみてまず間違いはなかろう。異賊の侵略に際して弓射にすぐれた技量を発揮したことなど、刀伊来襲の際の為賢の活躍と混同した記述があるのも、そのためだと思われる。ちなみに、覚鑁の生年は嘉保二年（一〇九五）と伝えられているから、その父である伊佐平次兼元も十一世紀後半の生まれとみてよい。

為賢の同族である貞盛流平氏の維叙・維敏・維将が相次いで肥前守に任じて彼の肥前進出を支援したであろうことは前述したとおりである。平季基は為賢と同様、大宰府に基盤を有しており、その名は兼元と「モト」で通じる（為賢の出た常陸平氏本流の通字「幹」の訓みも「モト」である）。また、季基の子として史料にあらわれる兼光《かねみつ》（散位従五位下）・兼《かね》輔《すけ》（助）の通字は兼元の「兼」と共通する。さらに、後述するように、季基の子孫と思われる薩摩平氏は伊佐兼元の後裔とみられる肥前の彼杵氏と密接な関係を有している。

これらのことを総合して考えると、季基は鎮西平氏の系譜において為賢と兼元の間に位置付けられるものと思われる（系図6参照）。

そして、この推測を補強するのが、左大臣となった源俊房の日記で摂関～院政期の貴重な史料である『水左記《すいさき》』の承暦四年（一〇八〇）八月二日条にみえる以下の記事である。

伊佐平次兼元の実像

一枚大宰府申す、（中略）一枚同府申す、前隠岐守平兼基ならびに弟字《あざな》四郎先生《せんじよう》ら舎兄兼重《かねしげ》ならびに男兼時《かねとき》らを殺害する事、九国に仰せて（中略）兼基らを追討せしむ。
一枚同府申す、平叙忠《のぶただ》を殺害せし犯人散位大蔵親□□伴類らの事、国司の日記に姓名住国を副え、住国の司らをして追討せしむ。

これは、頭弁《とうのべん》（蔵人頭《くろうどのとう》で弁官を兼ねる）藤原実政《さねまさ》が『水左記』の記主源俊房《としふさ》（当時、正二位大納言）のもとにもたらした宣旨《せんじ》三枚の内容を記した割書《わりがき》の部分である。このうち二枚目の宣旨で、兄兼重とその子兼時らを殺害した罪により、九国（九州）に追討令の出された「前隠岐守平兼基」こそ伊佐平次兼元その人なのではないだろうか。

兼基らが殺害した兼重については『除目大成抄』第一・第四から、康平三年（一〇六〇）に帥藤原経輔《つねすけ》の申請によって大宰権少監に任ぜられ、このとき従五位下の位階を有していたことが知られる。また、この兼重・兼基の弟「四郎先生」は、その呼称から東宮坊の帯刀先生（皇太子の護衛官の長）の経歴を有していたものとみられ、この一族が大宰府に権力基盤を固めつつ、九州に勢力を広げ、中央出仕（在京活動）も怠らないという存在形態をとったことが知られる。

これは十一世紀半ば頃にはほとんど中央の官職機構と絶縁してしまった坂東の地方軍事貴族よりも、むしろ中央権力に密着した北陸の斎藤氏（『今昔物語集』の芋粥の説話で有名な鎮守府将軍藤原利仁《としひと》《りじん》の子孫）などに近いあり方といえる。

先にみた『高野山伝法院本願霊瑞幷寺家縁起』には、兼元がしばしば勅勘を蒙ったとか、「悪平二」とも呼ばれたことがみえるが、そこには『水左記』における「前隠岐守平兼基」の活動にオーバーラップするものがうかがえるのである。

もうひとつの長元の乱

摂関家領島津庄の成立

中世日本最大の荘園として日向・薩摩・大隅の三国に展開することになる島津庄は、成立当初、現在の宮崎県都城市域に属する日向国島津駅周辺の地域がその中核であった。当地は日向国府から大隅国府に通じる官道が通過しており、南島を経て大陸にまでつながる対外交易の拠点となった志布志に通ずる交通の要衝に位置する。

鎮西大宰府の大監の地位にあった桓武平氏系の軍事貴族平季基が関白藤原頼通に寄進して摂関家領島津庄が成立したのは万寿年中（一〇二四〜二八）のことであったが、それはのちに島津本庄と呼ばれる島津院（現在の都城市郡元町など）・北郷《ほんごう》（現在の都城市北東部など）・中郷《なかんごう》（現在の都城市豊満町・安久町など）・三俣院《みまた》（現在の三股町・高城町・山之口町など）などを含む範囲と考えられている。

当時、大宰府に属する軍事貴族の南九州進出は顕著なものがあり、あたかも東国奥羽《おうう》に比せられる観がある。彼らは田地の拡大を目指したばかりではなく、南島との交易を射程に入れていたものと思われ、軍事貴族（武士）と経済・流通の密接な関係を読み取ることができるのである。

島津庄はそののち、薩摩・大隅に拡大を遂げて十二世紀後半には約八〇〇〇町歩の大荘園となる。荘園領主は藤原頼通の曽孫忠実《ただざね》以降、忠実の娘で鳥羽院《とばいん》の皇后となった高陽院《かやのいん》泰子《やすこ》、その弟忠通《ただみち》、その子基実《もとざね》と摂関家に相伝されたが、基実の死後、その妻が平清盛《きよもり》の娘（白河殿盛子《しらかわどののもりこ》）であったことから、一時支配の実権は平家が掌握。鎌倉時代以降、摂関家の近衛《このえ》家が伝領することとなる。

平季基を迎え入れた在地勢力

島津庄は平季基が「無主の荒野」を開発して宇治関白家（藤原頼通）に寄進して成立したものと伝えられているが、彼は現地の豪族ではなく、大宰府の官人であった。また、先にみたようにこのときに立荘された島津本庄は駅家《うまや》のおかれた要衝の地であり、しかも豊沃の土地であったから、季基が浪人を徴募して開発に当たらせた部分があったことは否定しえないにせよ、少なくともそのほとんどは既に開墾されており、季基一人の手によるものでもなかったと考えるべきである。季基は在地の豪族である伴《とも》（肝付《きもつき》）氏と姻戚関係を結んでおり、実はこうした在地勢力を組織する形で寄進は行われたのであろう。

実際、近年の考古学的調査の結果では、都城市金田町所在の大島畠田遺跡《おおしまはたけだ》（国指定史跡）から、九世紀後半〜一〇世紀前半につくられた有力者の居館遺構が検出されており、この地域で平季基進出以前からかなり大規模な開発がすすんでいたことが明らかになってきた。

したがって、むしろ実質的な立荘の担い手は日向国諸県《もろかた》郡周辺の在地勢力で、彼らが大宰府府官で武士であった季基の威勢に頼り、季基はさらに権威を頼んで自らの本主である摂関家に寄進したというのが島津庄成立の実状と考えられる。

つまり、南九州の在地勢力が荘園関係を摂関家と結んだのは、国守の収奪をさけるために権門の荘園機構の中に加わるという一般的な状況とともに、鎮西独自の要因として大宰府の存在という事情が背景にあり、そのために、摂関家と大宰府への結合を同時に可能にしてくれる平季基が領主として迎え入れられたのである。

かくして平季基を迎え入れた在地勢力は、のちに島津庄政所《まんどころ》の別当《べっとう》などとして在地の経営にあたることになった。島津庄の荘域は、平安時代を通じて、このような在地勢力、特に肝付氏（伴氏）などの力で拡大していくのである。

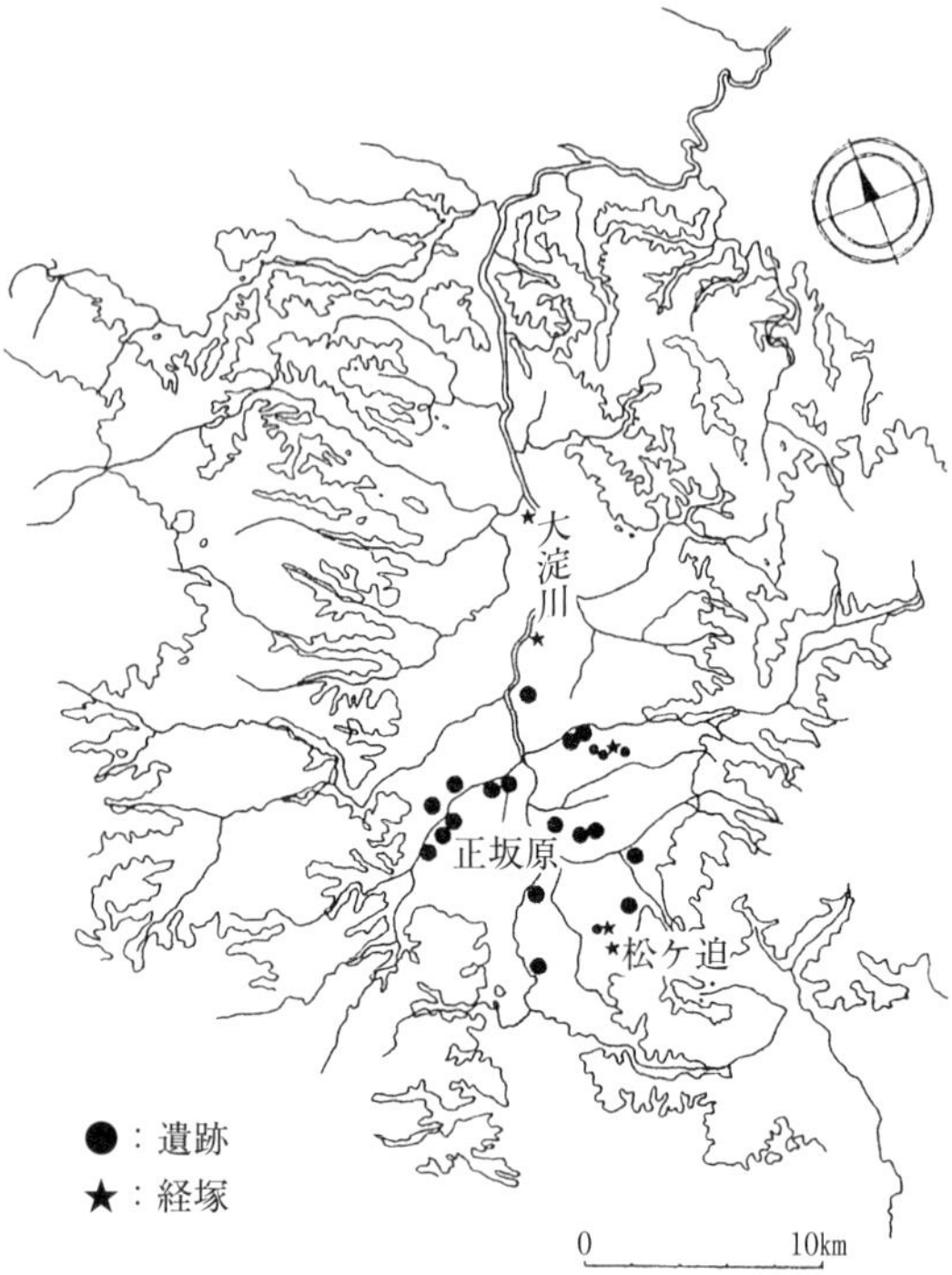

図11　都城盆地における12世紀の遺跡分布（栗畑光博「島津荘は無主の荒野に成立したのか」『南九州文化』第109号，2009年より）

大島畠田遺跡と楕円周溝墓

ここで、大島畠田遺跡と都城盆地に分布する楕円周溝墓《だえんしゅうこうぼ》について触れておきたい。島津庄の成立した都城盆地では、馬渡《まわたり》遺跡（都城市蓑原町）・鍛冶屋《かじや》遺跡（同市南横市町）などで九世紀後半〜一〇世紀前半の豪族居館跡が検出されているが、もっとも有名なものが大島畠田遺跡である。遺跡は大淀《おおよど》川と庄内《しょうない》川の合流地点に位置し、水運を利用した交通・交易拠点として機能したことは、京都産の施釉陶器《せゆうとうき》や貿易陶磁器などの多量な出土品からもうかがうことができる。ここで検出された掘立柱の建物跡は総面積二九七・二五平方《メートル》という巨大なもので、門・柵列や中島のある園池《えんち》状遺構のほか、区画溝や道跡も確認されている。このような大規模な建物跡は宮崎県下では西都市の国衙《こくが》跡や国分寺跡以外ではみつかっていない。

楕円周溝墓とは、一〇世紀後半から一二世紀の間に構築された、遺体を埋葬した土壙《どこう》の周囲を楕円状の溝で囲んだ墓のことで、大隅半島への窓口にあたる都城盆地南部の筆無《ふでなし》遺跡などにみられる。注目すべきことは、これと同じ形態の墓が佐賀市大和町周辺、すなわち肥前国府跡の近くから検出されていることで、これは肥前平氏の南九州進出を裏付けるものといえよう。都城盆地南部一帯には平季基の伝承が残されており、また島津庄関連の宗教施設の分布状況もこれと整合するのである。なお、平季基の館の伝承地は梅北町字下《しも》久保《くぼ》に所在する。

島津庄を寄進・立荘した平季基は、その数年後に大隅国に進出を企て、国庁などを焼いて財物を奪い、雑人を殺すという事件を引き起こしている。

大隅国へ進出しようとした平季基

この事件を伝えるのは、このとき右大臣であった藤原実資の日記『小右記』長元二年（一〇二九）八月六日・同二十一日・同九月五日・同四年正月十三日条と、『日本紀略《にほんきりやく》』長元三年正月二十三日条である。個々に引用していては煩雑になるので、これらを総合して季基の動向を述べよう。

季基は、大隅守船守重《ふなのもりしげ》との間にトラブルを起こし、子息の散位従五位下兼光・兼助らとともに、大隅国の国庁・守館（国守の居館）・官舎・民煙（民衆の住宅）のほか、散位藤原良孝の住宅を焼亡させ、財物を奪い、雑人を殺すという大事件を起こし、大隅国から大宰府に訴えられた。大宰府の府官と大隅国の目代《もくだい》（国守の代官）が兼光らを追捕したのだが、事の決着以前に国守の任期が切れたので、守重はその後直接政府に上申書を提出して事件を訴えた。そこで、政府は季基らを召喚する宣旨を下そうとしたが、大宰府からの上申書には季基の名が削られていた。それは貪欲な大宰大弐藤原惟憲《これのり》の要求に応じて季基が絹三千余疋《ひき》を賄賂として贈っていたためであった。摂関家の家司《けいし》でもあった惟憲は、前大隅守の訴えは大宰府を経由していない越訴《おつそ》であるから取り上げないよう関白頼通に働きかけたが、結局、季基は長元三年の正月、都に召喚されて左衛門陣に留置された。しかし、やがて季基は放免されたらしく、翌年正月にはこの事件で惟憲を批判していた右大臣藤原実資のもとに唐錦一疋、唐綾二疋、絹二〇〇疋、総鞦《ふさしりがい》の色革一〇〇枚、紫革五〇枚を進物として献上している。

季基が大隅国衙を焼き討ちした際、もとは府官の出身で同国に勢力を広げつつあった藤原良孝の住宅も標的にしていることは注目してよい。本章の冒頭で述べたように、この良孝は大宰権帥藤原隆家の傔仗をつとめた藤原如孝《よしたか》のことと思われ、大宰府の権力を負って大隅に進出していた軍事貴族であった。

おそらく季基も府官としての権威を背景に日向から大隅への勢力の拡張を意図していたのであろうが、ことは府官と大宰府管内受領との対立のみならず、府官系豪族間の縄張り争いという側面も有していたのである。しかも、季基の背後には大宰大弐で摂関家家司の藤原惟憲がひかえていたらしい。おそらく、季基が島津庄を摂関家に寄進できたのも、この惟憲が仲介役となったからであろう。

季基による大隅国衙襲撃事件が中央で取り沙汰されている最中の長元二年八月二日、藤原良孝から右大臣藤原実資に進物が貢上されているのは、右の推測を裏付ける事実といえるのではなかろうか。実資は当時の中央政界において、関白頼通がその意向を無視することのできない唯一人の公卿だったからである。

季基は都に召喚されるに及んで大隅への勢力拡大を断念するようなポーズをみせたらしい。翌年正月、彼は実資に進物を献上して恭順の意志を示し、罪を免れる途を選んだのである。

この時期の大宰府系軍事貴族の活動は東国を基盤とするそれと共通性がみいだせるが、この事件がちょうど東国の房総半島で平忠常《ただつね》が大反乱を展開したのと同じ頃に発生している点は注目される。あるいは、万寿四年（一〇二七）に藤原道長が死去したあとの、政府の対応の変化を見通した行動とみられるかもしれない。

この事件は、平忠常の乱（長元の乱）のような大事件には発展しなかったので、従来あまり取り上げられることはなかったが、平安中期における地方支配や武士成立史の観点から再評価がなされるべき大事件である。

季基の軍事行動は島津庄を前進基地としたものとみてよく、彼の島津庄領有の目的が奈辺にあったかがうかがわれよう。そして、その成果は長元四年正月の藤原実資への進物から明らかである。

この事件が中央から追討使が派遣された平忠常の乱のような大事件に発展しなかったのは、季基に対抗し得るような勢力が在地に存在しなかったことと、彼の中央政界にたいする工作が成功したからであろう。ともあれ、東国の房総半島で平忠常が大反乱を展開していたのと相呼応するかのように、ちょうど同じ時期に南九州でも「もうひとつの長元の乱」があったことは、日本史の通史叙述の中にしっかりと明記されるべきであろう。

季基の子孫たちの展開

そののち、島津庄の在地経営は平季基と姻戚関係を結んだ在地豪族の伴氏らに委ねられ、季基の子孫は大宰府に基盤を確保しつつ肥前国で領主的な発展を遂げ、やがて大宰府領を足がかりとして薩摩に進出することとなる。この「薩摩平氏」は河辺《かわなべ》・穎娃《えい》・鹿児島など国内の郡（院）名を名字とする有力在地勢力を簇生させ、十二世紀半ばには、薩摩・大隅二ヵ国を制圧した阿多《あた》忠景《ただかげ》のような地域権力を生むに至った。この間の系譜関係については不明な部分も多いが、推測を交えて示すと系図6のようになると思われる。

なお、元永二年（一一一九）に朝廷から追捕の宣旨を下され、伊勢平氏の正盛《まさもり》・清盛の

系図6　鎮西平氏系図

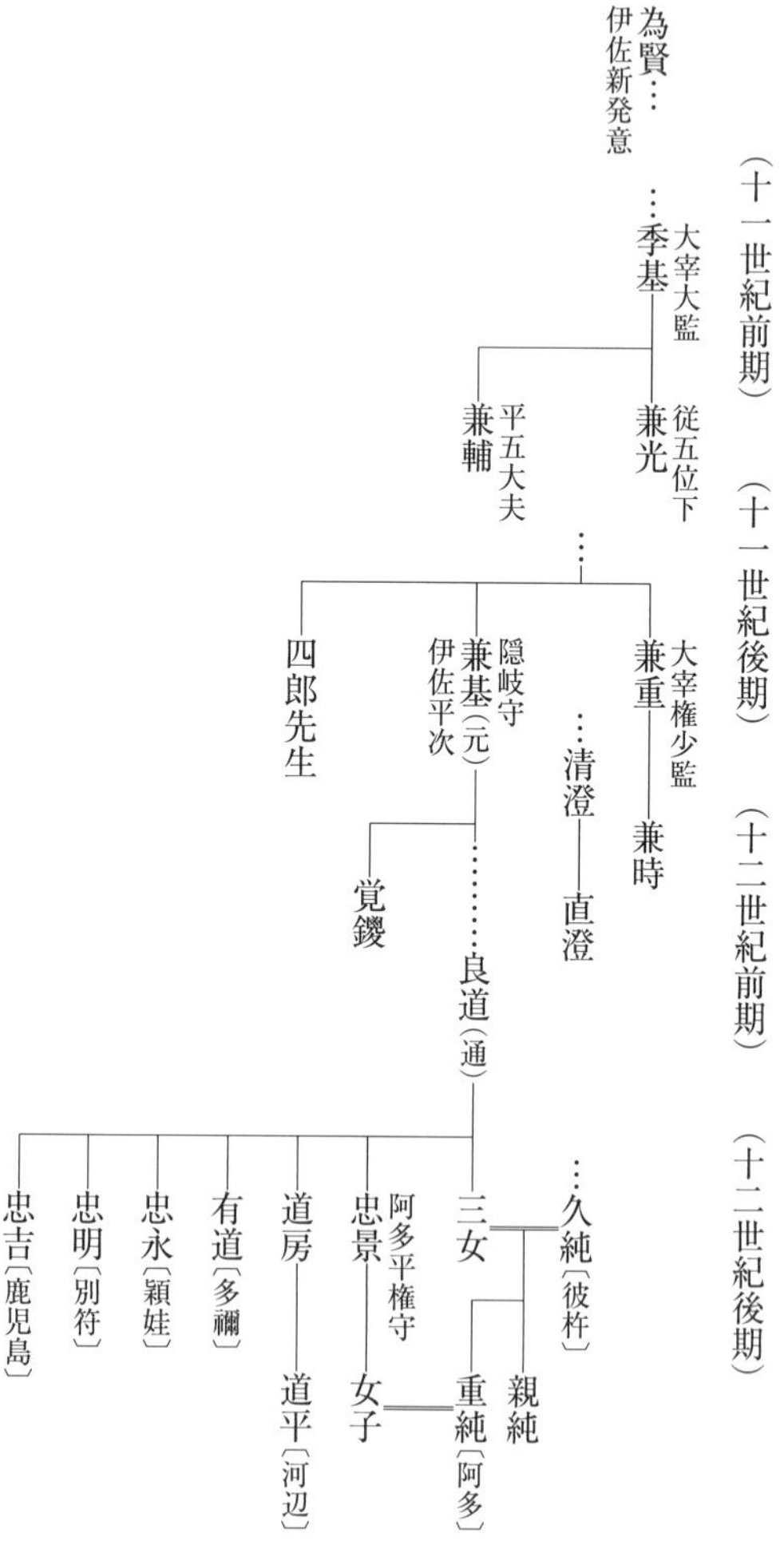

祖父）の追討を受けたことで知られる平直澄《なおずみ》（肥前藤津庄司平清澄《きよずみ》の子）が平為賢（「伊佐平氏」）の後裔である確率は、ともに藤津を本拠とすることなどから、かなり高いと思われるが、薩摩平氏の祖ともいうべき良道《よしみち》（通）の三女が清澄の子孫と思われる彼杵久純《ひさずみ》の

妻になり、所生の親純《ちかずみ》が良道の嫡女から薩摩国伊作庄《いざく》（現在の日置市吹上町南部と南さつま市金峰町の一部）下司職《げししき》を譲られ、またその弟の重純《しげずみ》（重澄・信澄・宣澄とも）が阿多平《へい》権守《ごんのかみ》忠景の婿となって大宰府領阿多郡と島津庄の日置南北郷・伊作庄および谷山郡《たにやま》（現在の鹿児島市南半部）の郡郷下司職を伝領し、薩摩平氏族長の地位を継承したことなどを考え合わせると、肥前藤津庄司や彼杵氏などの肥前平氏と薩摩平氏はともに伊佐平氏から出たものとみてよいであろう（系図6参照）。ちなみに薩摩平氏は各地に郡司職を得て在地領主として発展を遂げるが、やがてそれらの郡も寄郡《よりごおり》《よせ》（年貢は国衙と荘園領主が折半し、雑公事《ぞうくじ》はすべて荘園領主が収取する特殊な郡）として島津庄の管下におかれていくことになる。

南島交易と摂関家の爪牙

阿多忠景と源為朝

肥前と薩摩

肥前勢力の薩摩進出

九州本土の南端に位置する薩摩国は、まず肥後国から出水《いずみ》郡（現在の鹿児島県出水市・阿久根市・長島町）が分置され、その南に肥後からの計画的移民による高城《たき》郡（現在の薩摩川内市）を成立させて国府をおき、さらにその南に連なる地域を「隼人《はやと》十一郡」として成立した。現在でも九州新幹線・鹿児島本線や九州自動車道路が福岡（博多）と鹿児島を結ぶ大動脈となっているように、九州の西海岸沿いのルートによって律令国家は南九州へ版図を拡大していったのである。

常陸平氏の出身の為賢《ためかた》が、寛仁三年（一〇一九）の刀伊《とい》の入寇《にゅうこう》の際に、大宰府府官らとともにこれを迎撃して活躍し、一族（貞盛流《さだもり》）の肥前守《ひぜんのかみ》補任を足掛かりにして、子孫が肥前に勢力を伸ばして彼杵《そのぎ》・藤津《ふじつ》郡に土着し、それがさらに薩摩平氏（鎌倉幕府成立以前における薩摩の最有力在地勢力）につながることは前の章で述べたところである。

十二世紀段階に肥前の人々が積極的に薩摩に進出していたことは、薩摩国山門院《やまと》（現在の出水市野田町周辺）の院司が肥前国神崎庄《かんざきのしょう》（現在の佐賀県神埼市）と河副庄《かわぞえ》（現在の佐賀市川副町）の本領主平種方《たいらのたねかた》を初代とし、種方の孫秀忠《ひでただ》の四女皆王女《みなおうめ》が河副庄の名主東郷兵衛尉《とうごうひょうえのじょう》に嫁しているという所伝や、建久八年（一一九七）の薩摩国の図田帳《ずでんちょう》にみえる「塩田太郎光澄《しおたみつずみ》」が肥前国藤津庄塩田（現在の佐賀県嬉野市塩田町）を本拠とする人物であったり、薩摩国山田村（現在の鹿児島県日置市日吉町山田カ）二〇町の名主が「肥前国住人石居入道」であったことなどから容易にうかがうことができる。

院政の時代、薩摩国牛屎《うしくそ》郡の大秦（太秦《うずまさ》）氏は相撲節会《すまいのせちえ》の相撲人として中央に出仕し、その「貢節之功《こうせつ》」によって近衛府《このえふ》から郡司《ぐんじ》の地位を保証されていた。ところが、文治二年（一一八六）平家滅亡後の混乱の中で、肥前国小城《おぎ》郡（現在の佐賀県小城市）を本拠とする小城八郎重道《しげみち》が当郡の郡司・弁済使職《べんざいしき》に補されている。内乱期の出来事とはいえ、これも肥前の勢力が薩摩に勢力を扶植していた状況を反映するものといえるだろう。

肥前と薩摩を結んだ海の道

肥前と薩摩を結ぶ九州の西海岸沿いのルートは、陸路よりも、専ら有明海・八代《やつしろ》海・東シナ海を経由した海の道に依存するものであった（図2参照）。

この時代の肥前—薩摩間の海のルートの存在をよく示すのは『延慶本《えんぎょうぼん》平家物語』第一末（二八「成経《なりつね》康頼《やすより》俊寛《しゅんかん》等油黄島《ゆおうがしま》へ流さるる事」）にみえる次の記述である。

されども少将の舅《しゅうと》、平宰相《へいさいしょう》の領、肥前国加世《かせ》庄と云ふ所あり。彼こより折節に付けて形の如くの衣食を訪《とぶら》はれければ、康頼も俊寛も、それにかかりてぞ日を送りける。

これは、治承元年（一一七七）鹿ケ谷《ししがたに》の陰謀事件で俊寛・平康頼とともに油黄島（硫黄島、現在の鹿児島県三島村）に配流された少将藤原成経にたいして、舅の参議平教盛《のりもり》が、その所領肥前国加世（嘉瀬）庄（現在の佐賀市嘉瀬町）から衣食の供給を行ったというもので、肥前からの船は東シナ海を下り、薩摩本土を経て硫黄島に向かったのであろう。また、同書第二本（一八「有王丸油黄島へ尋ね行く事」）には、硫黄島に一人残された俊寛が、

甲斐なき命の惜しきまゝに、身の力のありし程は、此の山の峯に上りて、硫黄と云ふ物を取りて、九国の地へ通ふ商人の船の着きたるにとらせて、日を送りき。

という生活をしていたという記述がある。当時、硫黄は日宋貿易の輸出品の中で大きな比重を占めており、その最大の産出地であった硫黄島には、それを商う商人たちが頻繁に往来していたことを物語る。

ちなみに、同書第二本（五「建礼門院《けんれいもんいん》御懐妊の事、付けたり成経等赦免の事」）に、中宮徳子《のりこ》の懐妊によって赦免された成経が、都に向かう前に湯治をして体力を養ったと記す肥前国加世庄《とくし》には、俊寛も鬼界島（硫黄島）を脱出して隠れ住んだという伝承があり、この地の法勝寺には俊寛のものと伝える墓もあるという。

中世前期、肥前と薩摩方面の海上交通は思いのほかの活況を呈していたようである。今日、九州の中で鹿児島と佐賀は尚武の気風と保守性において双璧をなす地域といわれるが、その背景は中世における両地域の密接な交流にあるのかもしれない。

河内源氏の九州進出

「高橋殿」の実像

薩摩平氏一族の中でもっとも有名な存在は、いうまでもなく阿多忠景《あたのただかげ》である。彼は薩摩国阿多郡郡司職を梃子に国務に関与して「一国惣領」し、さらにその勢威は隣国の大隅にまで及んだ。薩摩平氏と肥前平氏とが密接な関係にあったことは前述したところだが、この両者が海の道で結ばれていたことの傍証となるのは、肥前平氏（彼杵氏）が藤津庄司として有明海に面した良港藤津（現在の佐賀県鹿島市納富分藤津）をおさえていたことに対応するかのように、阿多氏の居住した高橋（阿多郡高橋郷、現在の鹿児島県南さつま市金峯町高橋）も中世までは万之瀬《まのせ》川河口に形成された入江に臨む阿多郡唯一の港津で、交通運輸上の一要地であったという事実である。

図12　金峰山の偉容（鹿児島県南さつま市）

夫れ金峯山《きんぽうざん》は、百済国沙門日羅《しゃもんにちら》聖者来朝して、薩州川辺《かわなべ》郡坊之津に着岸し、爾後亦此の地に来り、錫《しゃく》を此の峯に駐め、年を更、ここに推古二年（五九四）、勅宣を奉じ、更に和州吉野の金《こん》剛蔵王《ごうざおう》を当金嶽に勧請す。時に勅使従三位兼太宰大弐蔵人頭《くろうどのとう》高橋卿なり。ここに於て、両国二島を領知す。阿多郡高江崎に住城して、数代を経、其の居処を高橋と改称す。今の高橋此れなり。今に俗歌う事、高橋殿の御代ならば、金子の桝《ます》で米計ると。其の国政の豊功知るべし。奉幣使《ほうべいし》正六位左近将《さこんしょう》監《げん》等、供奉人《ぐぶにん》数十なり。同年十月十八日、金嶽山上に鎮座するものなり。

（中略）其の南面に長江あり、其の枝流は往古《おうこ》海濤《かいとう》の洲渚《しゅうしょ》なり。河上には伽藍《がらん》を創建し、其の河流及び金嶽の西北下流洲渚数千町を開き、宮田となす。此れに於て、千町田間の名あり。其の開始の地を以て、金嶽の神供料とす。開作の始めし所を呼びて、始之迫《さこ》と云う。

これは、保延四年（一一三八）十一月、阿多忠景が阿多郡内の相伝私領「牟田上浦《むたかみうら》壱曲荒野」を寄進した観音寺《かんのんじ》（金峯山観音寺金蔵院）の縁起を記す『金峯山由来記』（原典は漢文）の一部で、そのまま史実を語るものではない。長年地元の歴史研究に取り組んでこられた江平望氏は、ここにみえる「高橋殿」を阿多忠景に比定された。記事中の地名と中世文書の所見地名の一致などの考証を踏まえた江平氏の指摘は正鵠《せいこく》を射たものと思われ、この記事は阿多忠景の実像に迫る貴重な史料として活用されるべきものである。

鎌倉幕府の編纂した公的な歴史書である『吾妻鏡《あずまかがみ》』の文治三年（一一八七）九月二十二日条によると、阿多忠景は「平氏在世時」勅勘《ちょっかん》を蒙《こうむ》って貴海（硫黄）島に逐電。平家の家人筑後守家貞《いえさだ》が船を仕立てて数度にわたって忠景の追討に向かったが、目的を達せず、空しく帰洛したという。このことから阿多郡と南島の海上ルートも確立しており、忠景の勢力が薩南諸島にまで及んでいたことが想像できるのである。

源為朝の鎮西下向

阿多忠景は、諸史料にみえる「平権守《へいごんのかみ》」の呼称と「一国惣領」という行動から、薩摩国衙《こくが》（現在の薩摩川内市国分寺町・御陵下町に所在）を制圧して「薩摩権守」に任じたかのように理解されている。しかし、当時国衙の在庁官人が住国の権守に任ずるというケースは一般的ではなく、官名としての権守を成功《じょうごう》（売官の制度）によって得たもの、つまり「権守」の名乗りは中央権力との密接な関係を表象するものとして捉えるべきものである。忠景の場合も「薩摩権守」とする史料はないが、『谷山系図《たにやまけいず》』には、

字阿多四郎、従五位下下野権守、薩摩国押領使《おうりようし》、久安六年〈庚午〉正月廿九日任下野国司、平治年〈己卯〉蒙追討宣旨、硫黄嶋落畢

とみえ、彼が薩摩国においては最有力の在庁官人として押領使に任ずるとともに、久安六年（一一五〇）春の除目《じもく》で「下野権守」に任ぜられたことが明記されており、これらの記事はいずれも首肯できるものである。

なお、忠景の「成功」実現の背景には、海上交易によってもたらされた莫大な富、また海の道を通しての大宰府や中央政界とのつながりを考えざるをえない。彼が鎮西《ちんぜい》に威をふるった源為朝《みなもとのためとも》を婿に迎えたことも、その脈絡の中でこそ理解できるのである。

古活字本『保元物語《ほうげんものがたり》』（巻上「新院御所各門々固めの事〈付けたり〉軍《いくさ》評定の事」）は源為朝について、

　幼少より不敵にして、兄にも所をおかず、傍若無人なりしかば、身にそへて都におきなばあしかりなんとて、父不孝して、十三のとしより鎮西の方に追下すに、豊後国に居住し、尾張権守家遠《いえとお》を乳母（乳母夫《めのと》）とし、肥後の阿曽《あそ》平四郎忠景が子、三郎忠国《ただくに》が聟《むこ》に成て、君よりも給らぬ九国の惣追捕使《そうついぶし》と号して、筑紫をしたがへんとしければ、菊池・原田《はるだ》を始めとして、所々に城をかまへてたてこもれば、「其儀ならば、いでおといて見せん」とて、未だ勢もつかざるに、忠国計を案内者として、十三の年の三月の末より、十五の年の十月まで、大事の軍をすること廿余度、城をおとす事数十ヶ処也。

と述べている。為朝が鎮西で威をふるったのは阿曽平四郎忠景の子三郎忠国の婿になってからだというのである。しかし、『保元物語』諸本中、完本としてはもっとも古態をとどめるとされる半井本《なからい》には「アワ（タ）ノ平四郎忠景ト云者アリ。ソノムコニナリテ」とあって、「肥後」も「阿蘇」も「忠国」も現われない。また後世の史料ではあるが『薩隅日三州他家古城主来由記』には「忠景男子なく、女子二人あり、（中略）二女は鎮西八郎為朝の室也」とあり、これらのことから、為朝を婿に迎えたのは薩摩の阿多忠景であったことが明らかなのである。

『保元物語』では、為朝の鎮西下向は、その傍若無人ぶりに、都で事件を引き起こすことを恐れた父為義《ためよし》が遠方に追い下したかのように描かれている。しかし、当時、為義は院政期になって凋落した源氏の勢力を取り戻すため、摂関家の権威とネットワークを利用しながら、長男の義朝《よしとも》を坂東《ばんどう》に下したことにみられるように遠隔地の武士団を組織し、また各地の宗教勢力と提携をはかって、列島各地の流通拠点の掌握を目指していたのである。したがって、この為朝の鎮西下向も、彼の周到な計算のもとに実現されたものとみるべきであろう。かくして為朝は、摂関家の権威と河内源氏の武威を背景に、在地の有力豪族阿多忠景と結託して薩摩・豊後を中心に九州を席捲《せっけん》したのであった。

持躰松遺跡の語るもの

さて、ここで注目しておきたいのは、先にみた『金峯山由来記』の記述を裏付けるような考古学上の発見がなされたことである。

すなわち、近年、阿多忠景の本拠だった阿多郡と南隣の加世田別府《かせだべっぷ》（現在の南さつま市加世田）の境界を西流する万之瀬川河口に位置する持躰松《もったいまつ》遺跡で考古学的調査が行われ、忠景の活躍した時代をピークとして大量の中国製陶磁器が出土した事実である。特に陶器貯蔵具がこれほど多く出土した遺跡は九州では博多以外になく、この地が陸揚げ港として機能した可能性は高いという。また、旧河口付近左岸付近には唐坊《とうぼう》・唐人原《とうじんばる》の地名が残ることから（中世文書にも所見）、宋商人の居留地の存在が推定され、大規模な

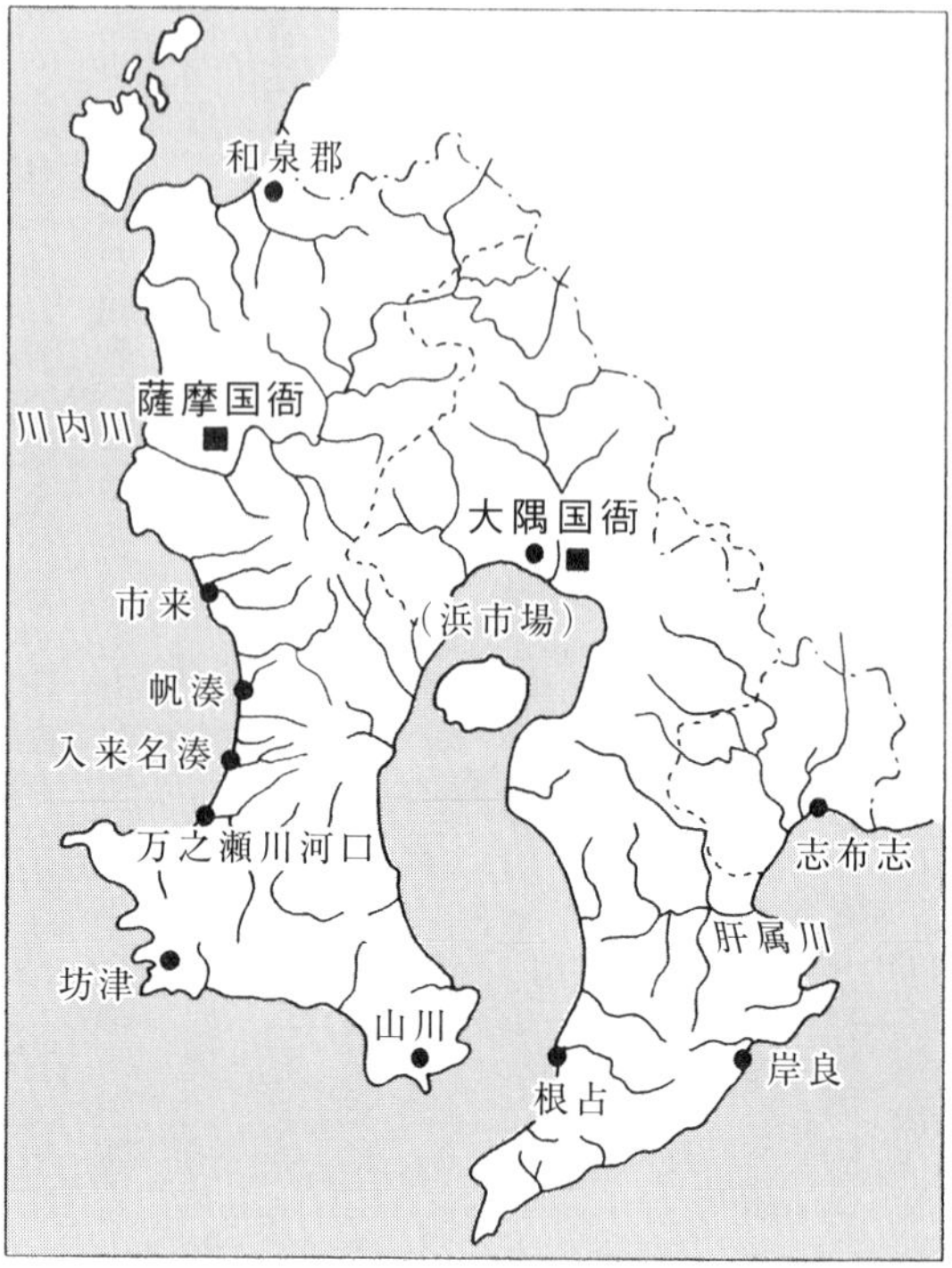

図13　中世前期南九州の港（柳原敏昭『中世日本の周縁と東アジア』吉川弘文館, 2011年より）
-----は国境, －－－は現在の県境（国境と県境が一致する部分は国境を表示）

中国貿易の拠点があったことが想定されている。さらに、当時日宋貿易の主要な輸出品であった硫黄の最大の産出地である鬼界島（イオウガシマ）と肥前との間を硫黄商人が往復する際、ここが寄港地となっていたこともほぼ確実視されている。

日宋貿易というと平家の専売特許のような観があるが、為朝が勢力基盤とした豊後も硫黄の産出地であったことを考えあわせると、平家同様に源氏も日宋貿易へ介入を意図していた可能性が高い。いずれにしても、為朝は平氏勢力下の九州への源氏の楔《くさび》としての役割をはたしたのである。

持躰松遺跡からは和泉《いずみ》型・楠葉《くずは》型といった畿内産瓦器《がき》のまとまった出土が報告され、特に時期が十二世紀に属する楠葉型の出土は目を見張るものがあるという。楠葉は河内国交《かた》野《の》郡（現在の大阪府枚方市北部の淀川左岸の辺り）で、摂関家領楠葉牧があった。ここは『梁塵秘抄《りようじんひしよう》』の「くずはの御牧の土器《かわらけ》造り、土器は造れど娘の貌《かお》ぞよき、あな美しやな」の歌謡で有名な土器の産地である。しかりとすれば、為朝の行動の背後に、河内源氏の本主である摂関家の存在があったことが想定されるであろう。

万之瀬川河口が薩摩・大隅・日向三ヵ国にまたがる最大の摂関家領荘園である島津庄の外港として機能したと想定されるとすれば、摂関家の武力を構成する為朝と南島交易にも積極的に関わったとみられる阿多忠景との連携は、摂関家・河内源氏・阿多氏三者の利害に合致するものであったといえる。保元・平治の乱後に平家が島津庄の実質支配を目指したのは為朝の行動を前提にしたものとみなされるのである。

島津庄の発展

拡大する島津庄

十一世紀初頭の万寿年間（一〇二四〜二八）、平季基《すえもと》が日向国諸県郡《もろかた》の地を関白頼通《よりみち》に寄進したことによってはじまる島津庄は、約一五〇年を経過した十二世紀後半には、日向・大隅・薩摩の南九州三国にわたる大荘園に拡大していた。建久八年（一一九七）の三国の図田帳写によると、その荘領は以下のようなものであった。

日向国に限ってみると、当時の総田数は八〇六四町であったから、約四八％が島津庄領と化していたことが知られる。ここに一円荘とあるのは、国務にしたがう必要のない完全に荘園化した地域で、年貢・雑公事《ぞうくじ》のすべてを荘園領主側が収取することを原則としていた。一方、寄郡《よせごおり/より》というのは半不輸、つまり年貢は国衙と荘園領主が折半し、雑公事はすべて荘園領主が収取することを原則とする、雑役免《ぞうえきめん》荘園の特殊形態である。

ところで、平季基が立荘した当時の荘園の規模は、荘名の島津の地を中心にしたものであっただろう。前述のように「島津」は現在の宮崎県都城市のあるところで、『延喜式《えんぎしき》』によれば、そこには官道《かんどう》が通って駅がおかれ、駅伝馬五疋《ひき》が常備されていた。右の日向国の図田帳に一円荘として「島津院三百町」というのが、それに該当するものとみられている。ちなみに、院とは本来、郡倉の分置された建物（院倉）を指したが、転じてその院倉に租税を納入する行政区画を意味するようになったもので、郡や郷に並立する単位である。

表　建久8年の図田帳写による荘領

	日　向	大　隅	薩　摩	計
一円荘	2020	760	635	3415
寄　郡	1817.0	715.8	2764.4	5297.2
計	3837.0	1475.8	3399.4	8712.2
国内総田数	8064.0	3017.5	4010.7	15092.2

単位は「町」，「歩」以下は切り捨て．
他領と係争中の田は除く．

島津院（現在の都城市郡元町など）のほか、図田帳にみえる日向国の一円荘には三俣院《みまた》（現在の宮崎県三股町・高城町・山之口町など）七〇〇町、北郷《ほんごう》（現在の都城市北東部など）三〇〇町、中郷《なかんごう》（現在の都城市豊満町・安久町など）一八〇町、南中郷《みなみなか》（現在の都城市梅

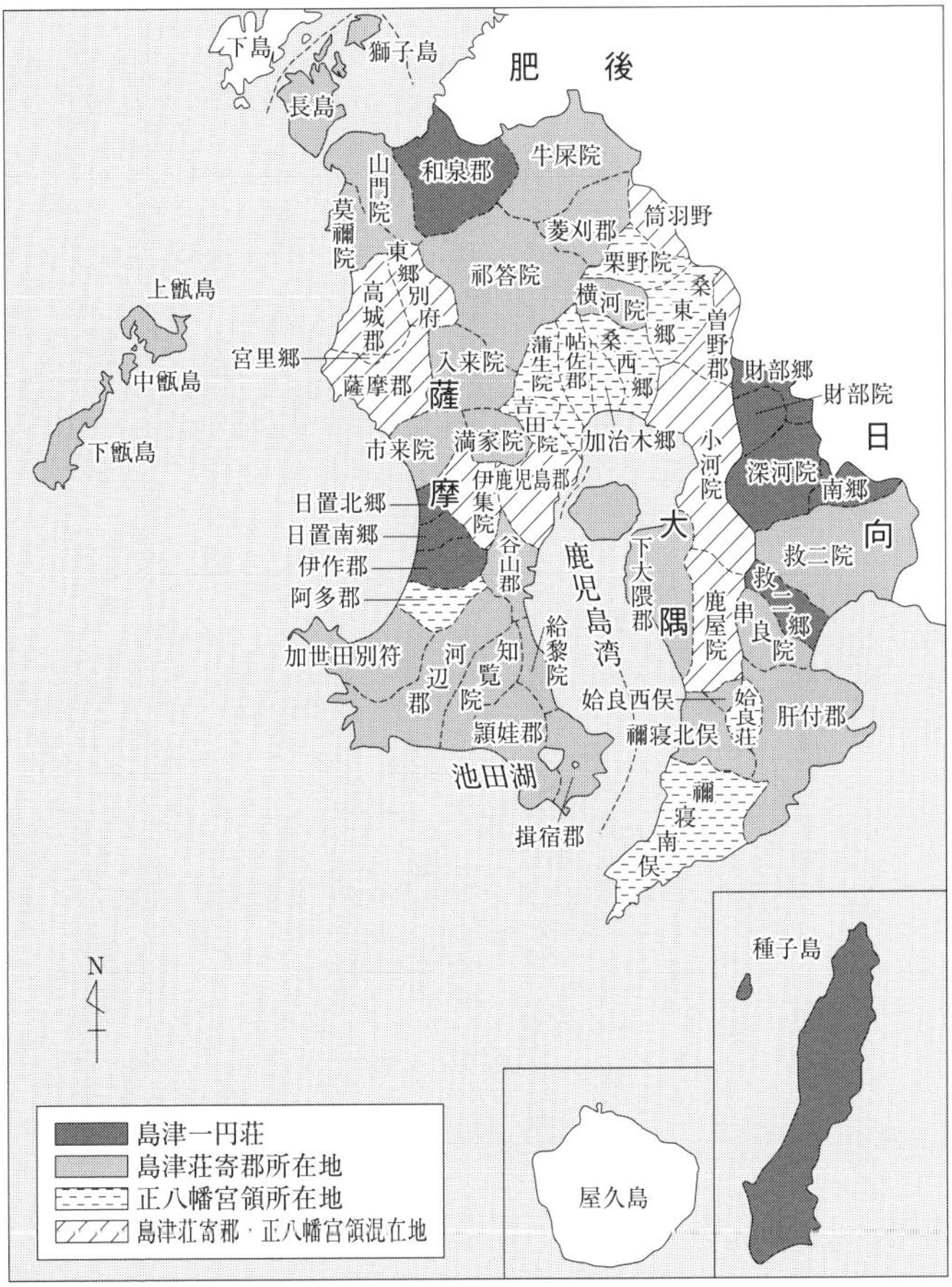

図14　現在の鹿児島県域における島津庄の構成（原口泉ほか『鹿児島県の歴史』山川出版社，1999年による）

北町など）二〇〇町、救仁《くに》郷（現在の鹿児島県大崎町など）一六〇町、財部《たからべ》郷（現在の鹿児島県曽於市財部町）一五〇町、吉田庄（現在の宮崎県えびの市西部）三〇町があったが、注目されるのは、これらがすべて律令制下の諸県郡に所属することである。

一方、日向国の寄郡は諸県郡以外にわたるものが多いので、日向国の一円荘は、立荘当初かあまり時期を経ないうちに島津庄になったものであったとみられる。これにたいして日向国の寄郡はのちに公領が島津庄に編入され（寄せられ）て成立したものであり、また薩摩・大隅における島津庄の荘領の多くはまず寄郡化され、そのうちの一部がさらに一円荘化されたものと考えられている。

前述のように、島津庄の荘域は、肝付《きもつき》氏（伴《とも》氏）など、在地勢力の力で拡大していったらしい。その大きな画期は十二世紀はじめ、藤原頼通の曽孫にあたる忠実《ただざね》が藤原氏の氏《うじの》長者《ちょうじゃ》であった時代で、のちに、摂関家出身で天台座主《ざす》になった慈円《じえん》が『愚管抄《ぐかんしょう》』の中で「大方の家領鎮西しまづ以下」と述べているように、この荘園は摂関家にとって第一の家領としての位置をしめるようになる。島津庄は土地からの収入のほかに大陸や南島からの交易によってもたらされる利益が大きく、院や平家が日宋貿易の基地としたことで知られる肥前国神崎庄（現在の佐賀県神埼市）と同じような役割をはたしていたものとみられる。

後述するように、十二世紀末のいわゆる「平氏政権」の時代に平家が島津庄を押領した背景はこのようなところにあったのである。

摂関家の対外貿易拠点としての島津庄

まさしく、島津庄の荘域拡大のピークは薩摩平氏の阿多忠景やその聟となった源為朝の活躍した十二世紀前半、摂関家の当主が忠実から忠通《ただみち》・頼長《よりなが》の時代にかけてのことであった。摂関家は院政開始によって衰微してきた権威と家領の確保のために、まだその権威が深く浸透していた辺境の地に経済的基盤を確立しようとしたのである。

系図7　摂関家系図

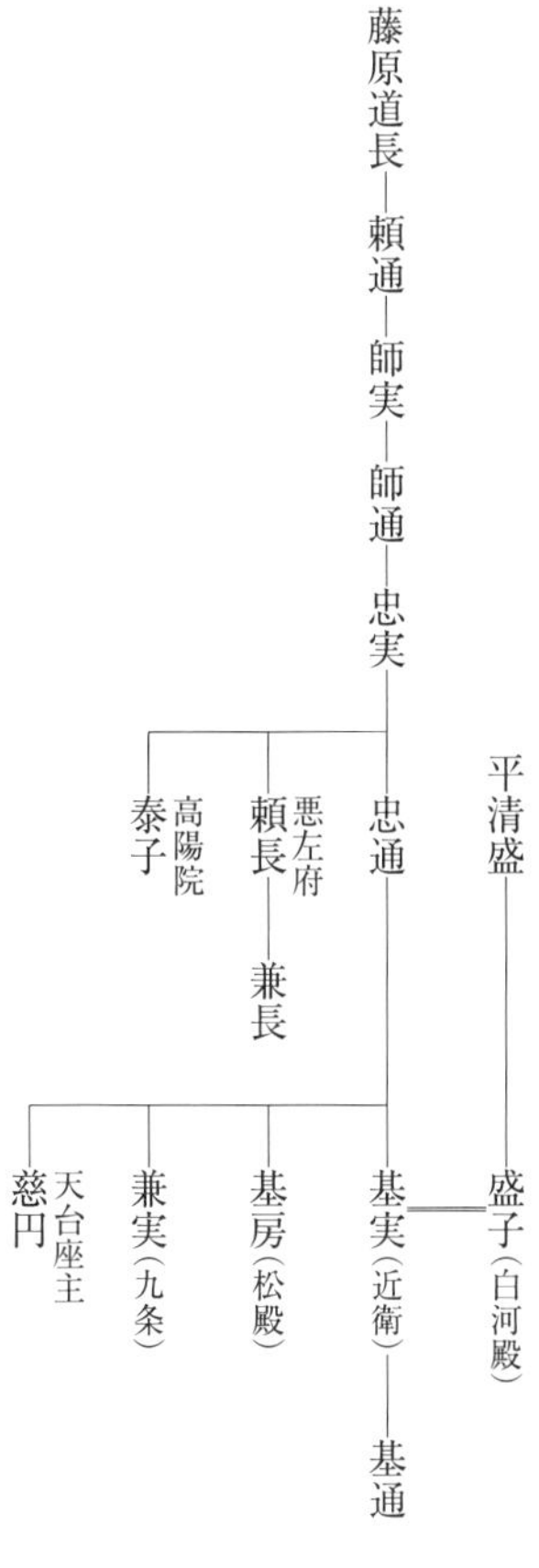

島津庄は成立時点より南島ないし大陸からの物資調達の場としての機能が期待されていた。「悪左府《あくさふ》」の異名で有名な藤原頼長の日記である『台記《たいき》』久安三年（一一四七）十一月十日条には、頼長の兄の関白忠通が「西海庄《さいかい》」から献上された孔雀《くじやく》・鸚鵡《おうむ》などを鳥羽《とば》院《いん》に進上したことがみえるが、この「西海庄」は鎮西島津庄と考えてまず間違いあるまい。島津庄には荘園領主側の機関として荘政所《まんどころ》がおかれ、それを統制支配する上部機関として荘留守が設置され、島津庄の荘務機構が成立していた。この島津庄の政所がおかれていた日向国では、仁平元年（一一五一）～保元三年（一一五八）に国司であった藤原有成《ありなり》や、仁安元年（一一六六）～安元二年（一一七六）にその任にあった藤原定長《さだなが》らは、ともに摂関家の家司《けいし》であった。摂関家の島津庄支配拡大の意図に沿った人事政策が行われていたのである。

鎌倉時代のはじめ、中院《なかのいん》（源）通方《みちかた》という貴族によって編集された有職故実書《ゆうそくこじつ》『餝抄《かざりしよう》』に、摂関家の行事に使われる毛車《けぐるま》（糸毛の車という意味で、牛車《ぎつしや》の乗用部分である車箱《くるまばこ》の表面全体を檳榔《びんろう》で染めた毛色染の撚糸《よりいと》で飾った牛車）に、志摩戸（島津）庄から貢納された檳榔毛が用いられたことが記されている。その部分を掲げよう。

毛車

執柄家《しっぺいけ》の家礼の人檳榔毛を用う、〈檳榔、前関白近衛領、鎮西志摩戸庄の土産と云々、よって所望しこれを用うと云々、〉当家は菅《すげ》を用う、但し檳榔毛尋ね得るの時これを用う、又難無しと云々、予両度富小路《とみのこうじ》中納言《ちゅうなごん》盛兼《もりかね》卿に尋ね取りてこれを用う、二嚢を以て一両と為す、但し不足すと云々、簾《すだれ》は蘇芳、〈縁緑、金綾、〉下簾は蘇芳、末《すそ》濃鞦《ごのしりがい》〈連著革鞦〉、畳〈繧繝端《うんげんべり》〉、榻《しじ》〈大臣は黄金物、大将は散物《さんもつ》、納言已下は黒漆の金物、執柄家納言の間は散物、大臣ノ後は黄金物〉、諒闇、普通の儀に相違なし、少々無文の藍革の青簾、浅木末濃の下簾を用う、

(中略)

保元二正一或いは秘記に曰く、公卿以下の車恒《つね》の如し、殿下ならびに亜相は毛車に青簾を懸く、無文の青革緒等也、

直衣始《のうしはじめ》に毛車を用うる事、

保安二三七新博陸殿《しんはくりくどの》〈忠通〉これを用う、慶賀の後初めて出仕有り、便直衣、檳榔、

保延二十二廿八宇治左府大臣後直衣始、檳榔、

仁平三十二廿八中納言中将兼長《かねなが》直衣始、檳榔、

仁安三八廿四久我《こが》殿〈雅通《まさみち》〉直衣始、毛車、

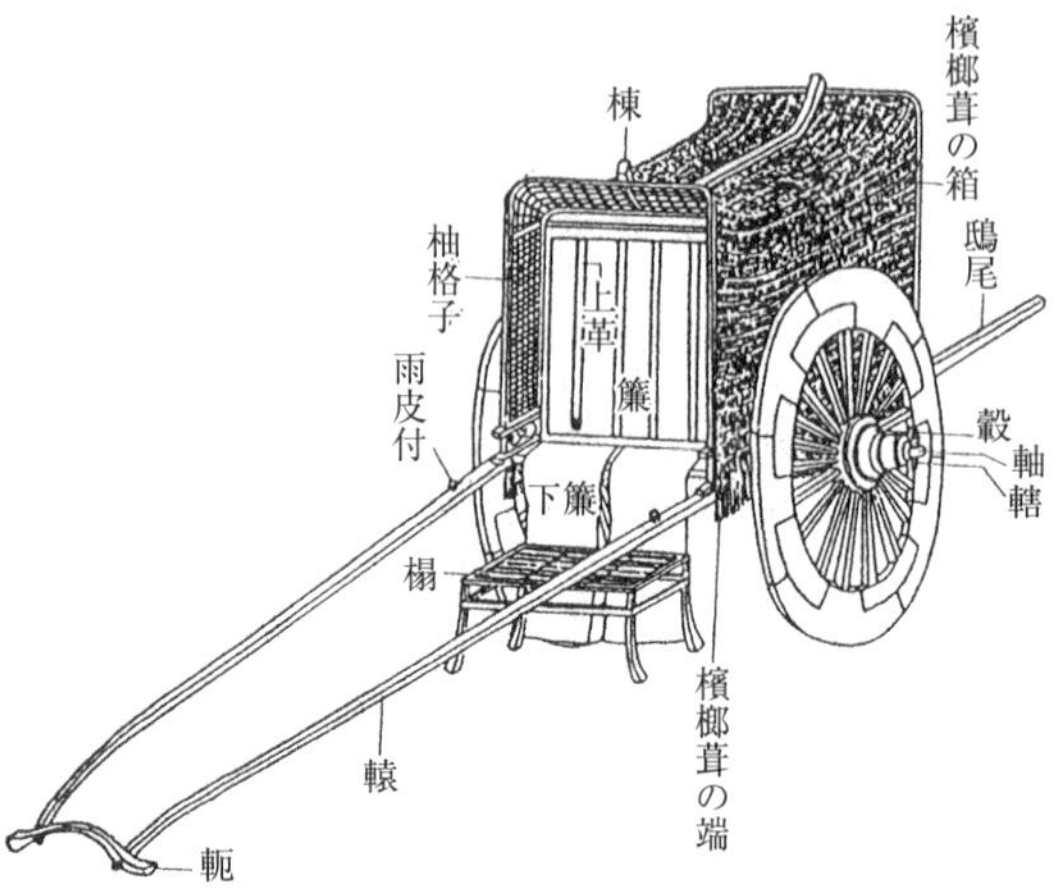

図15　檳榔毛の牛車（『国史大辞典』より，鈴木敬三氏作図）

保延三三四大殿《おおとの》〈雅実《まさざね》〉春日詣《かすがもうで》、宇治
丞相扈従《じょうしょうこしょう》す、直衣、檳榔、

前近代の社会においては、頭の髪の形や身に着ける衣裳は、その時代の人々の政治・社会的地位を示すもの（可視的身分標識）であったが、中世貴族社会における服飾故実の成立時期は十二世紀前半に求められるという。だとすると、この『餝抄』にみえる檳榔の毛車の記事に照らして興味深いものがある。「直衣始に毛車を用うる事」の初例として保安二年（一一二一）における藤原忠通の関白就任の時点をあげているのは、服飾と同様に諸行事に用いられる牛車の行粧《ぎょうしょう》が貴族社会に定着しつつあった家格を反映する形で故実化した時期に符合すると思われるからである。

檳榔で覆われた毛車が摂関家をはじめとする最上級貴族のステイタスシンボルとされた

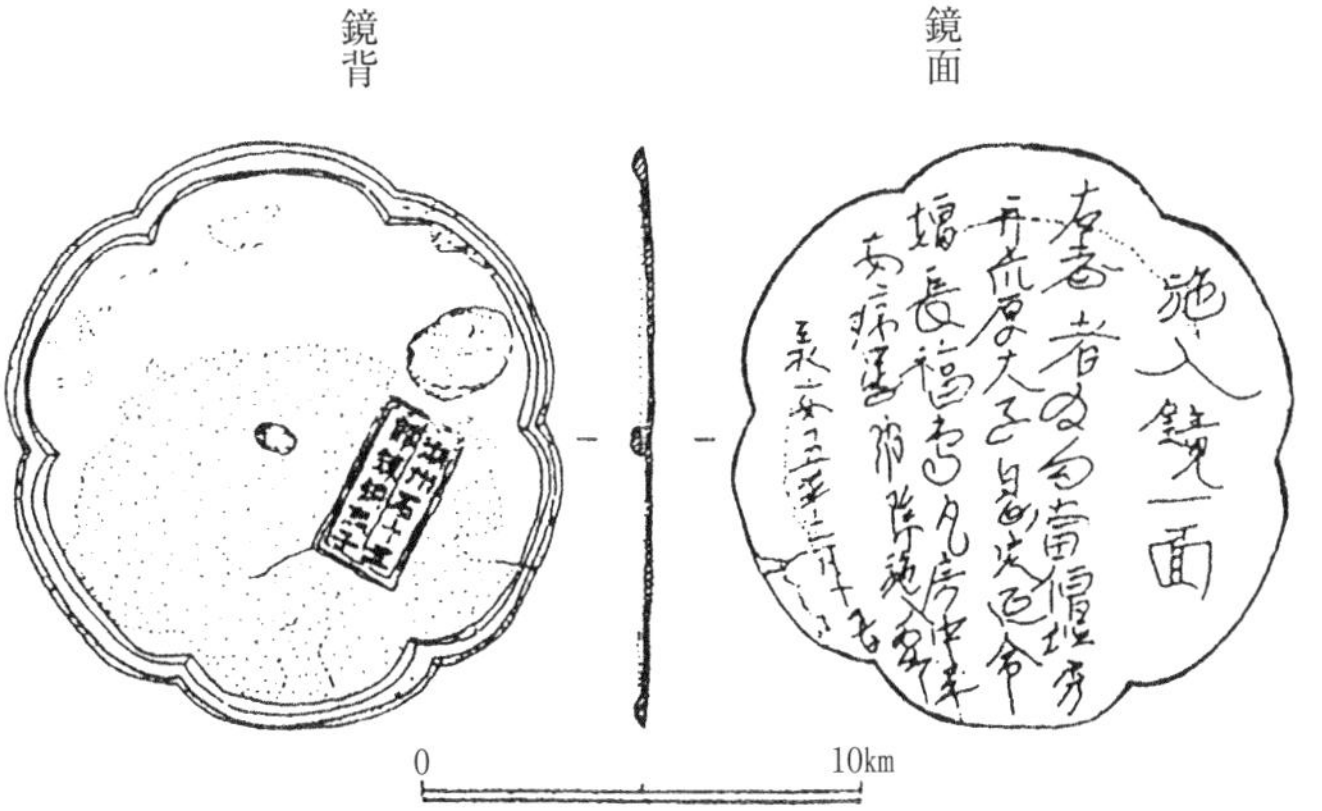

図16　都城市安久出土湖州鏡（都城市教育委員会文化課刊『歴史資料館蔵品選集』1998年より，原図 重永卓爾氏作図）

のは、『餝抄』の引用部分にも示されているように、材料となる檳榔がとうてい並の貴族には入手不可能な貴重品であったからであろう。ちなみに、檳榔は幹頂から濃緑色の大羽状複葉を叢生し、果実は染料（染色は暗黒色）として用いられたが、椰子《やし》科の常緑高木であるから九州本土ではほとんど得ることができず、その入手は南島交易によったものと考えられる。

　すなわち、この『餝抄』の記事は十二世紀前半の頃から島津庄が摂関家の私貿易の拠点になっていた事実を示すものといえるのである。それから一世紀ほどさかのぼる摂関時代に右大臣をつとめた藤原実資の日記『小右記』にみえる大隅・薩摩両国からの進物の主体が、檳榔・蘇芳・赤木・営貝（蛍貝）・夜久貝《やくがい》といった南方の特産、それに茶垸《ちゃわん》・唐硯《とうけん》のような宋からの輸入品であったことからも、それは首肯されるであろう。

ちなみに、昭和三十九年（一九六四）頃、往時は島津庄の中心近くに位置した宮崎県都城市安久町松ケ迫で偶然に発見・出土した湖州鏡《こしゅうきょう》（面の直径は一二・八五センチ、重量は一五六・二二グラム）は、現地に残された日宋貿易の貴重な遺品である。「湖州鏡」とは中国宋代に浙江省《せっこうしょう》の西北、太湖《たいこ》の南岸に位置する都市湖州で生産された鏡のことで、これは現在都城市の有形文化財に指定されて都城歴史資料館に寄託されている。

久安三年（一一四七）、摂政忠通が島津庄から貢進された孔雀・鸚鵡を鳥羽法皇に献上したということは先述したが、一方、輸出品として日宋貿易で大きな比重を占めたのは硫黄であり、その最大の産出地は薩摩国に属する南島十二島＝「イオウガシマ」であった。日宋貿易における輸出品としてよく知られているのは奥州産の砂金である。摂関家のもとには平泉藤原氏から寄進された奥州の荘園から、毎年大量の砂金が貢進されていたが、一方、奥州平泉の藤原氏のもとには、南島から産出された七色に輝く夜光貝が供給されていた。

十二世紀、東アジアにはグローバルな地域間交易が展開していたのである。その国内的な背景としては、摂関家や院による公領・荘園支配や都市・交通に立脚した武士勢力の広域的な活動などを指摘できよう。摂関家の牛車の行粧もこのような大きな枠組から評価されるべきであろう。

従来、歴史的な造形作品にたいしては、美術的ないし有職故実的な視角からの考察ばかりがなされてきたきらいがある。しかし、アプローチ次第では個々の造形遺物は無限の情報を語ってくれるはずである。その素材や色彩、芸術的評価に加えて生産・流通、技術の移動の問題など、今後の研究では作品成立のバックグラウンドとなる文化・社会・政治史などとの連関が追究されなければならないのである。

ところで、摂関家領の大部分は、仁安元年（一一六六）摂政基実《もとざね》（忠通の子）が若くして死んだことによって、その後家である平盛子《もりこ》（白河殿《しらかわどの》）に伝領され、実質的に盛子の父清盛の支配に委ねられるに至った。従来平家による日宋貿易の輸出品が砂金であったことから、この時点で平泉―京都―大宰府（博多）の流通ネットワークについて語られることが一般である。しかし、天治元年（一一二四）陸奥国平泉において藤原清衡《きよひら》によって造営された中尊寺金色堂《ちゅうそんじこんじきどう》の内陣の柱には南島産の夜光貝を加工した螺鈿《らでん》の装飾が施されていた。既に平泉文化は清衡の時代から東アジア規模の流通ネットワークに規定されていたのである。そして、それは京都をセンターとする摂関家の家産支配の機構と、そこに包摂されていた河内源氏の武力に依拠するものだったのである。

後三年合戦で活躍した源義家《よしいえ》・義光《よしみつ》の子孫が北坂東に進出したのを皮切りに、河内源氏の一族は積極的に列島各地への進出を目指した。特に為義は中央での不遇とは裏腹に、義朝を坂東、為朝を鎮西に下し、自らは畿内全体の外港ともいうべき摂津国大物浦《だいもつのうら》（兵庫県尼崎市）に拠点を構えて列島各地とのネットワークづくりに意を用いた形跡がうかがえる。この為義の「構想」が、孫の頼朝による列島制覇に大きく資することになったのである。

平家政権と南九州

平家貞・貞能父子と九州

院政期、平家の武門としての名声が、平正盛《まさもり》による瀬戸内海賊の平定によって高まったことはよく知られているが、元永二年（一一一九）における肥前国藤津庄下司《げし》平直澄《なおずみ》の反乱鎮圧もこれに加える必要があるだろう。いうまでもなく、直澄は肥前平氏の嫡流と目される存在である。

また、同じ肥前において、平治～永暦年間（一一五九～六〇）にかけて発生した日向通《ひゅうがみち》良《よし》（藤原氏系だが出自は未詳）の反乱は、平家の有力家人である平家貞《いえさだ》によって鎮圧されている。前述したように、家貞はそれ以前の保元年間にも薩摩で反乱を起こした薩摩平氏の棟梁《とうりょう》阿多忠景の追討に派遣され、忠景は貴海島に逃亡するに至っている。家貞は保元元年（一一五六）頃に筑後守に任じており、これ以前から、平家の九州経営における軍事・警察的な部分を担当するようになっていたらしい。そして、この権限は彼の子息の貞《さだ》能《よし》に継承された。

貞能は平清盛家の「家令《かれい》」をつとめたばかりでなく、清盛の孫の資盛《すけもり》の乳母夫《めのと》でもあったらしく、清盛から「専一腹心者」として遇される存在であった。彼も筑前守や肥後守に任じており、養和～寿永年間（一一八一～八三）には、かの大宰大監《だざいのだいげん》藤原蔵規《まさのり》の後裔にあたる肥後の豪族菊池高直《たかなお》（隆直）らの反乱を鎮圧するなどの活躍をみせている。

ちなみに、この貞能は平重盛《しげもり》が宋国の皇帝・阿育王山《あいくおうさん》に陸奥国で産出された砂金を献上することをはかった際、博多在住の宋人の船頭との交渉に当たっている。彼はまた、後白河院の御厩《みまや》の管理に預かる案主《あんじゅ》もつとめていた。なお、平家の直属家人がその九州支配に携わっていた事例としては、越中《えっちゅう》前司《ぜんじ》盛俊《もりとし》が島津庄の留守職《るすしき》にあてられていたことが知られる。

平家の島津庄支配

前述のように、仁安元年（一一六六）七月、六条天皇の摂政をつとめていた藤原基実《もとざね》が亡くなると、島津庄はその妻であった盛子《もりこ》（平清盛の娘）に伝領され、実質的な支配権は平家の手中に帰した。よく知られているように、平家は日宋貿易を重要な存在基盤としていたから、対外交易の拠点としての島津庄の機能は一段と高まったものと想定される。『延慶本平家物語』や『源平盛衰記』には、肥前と薩摩西岸との海上交通路の存在、薩摩に唐船の寄港地があったこと、当時の重要な輸出品であった硫黄を商う商人の頻繁な往来をうかがわせる記述が多々みられる。また、鴨長《かものちょう》明《めい》の『無名秘抄《むみょうひしょう》』には、

　つくしのしまつという所にかようものゝ、事のついでにかたり侍しは、つくしにとりて南のかた、大隅薩摩のほど、いづれの国とかや忘れたり、おほきなるみなと有

というくだりがある。いうまでもなく「つくしのしまつ」とは島津庄のことである。とすると「おほきなるみなと」とは、近年の考古学的調査によって港湾機能が確認され、島津庄の外港としての機能も指摘されている持躰松遺跡を含む万之瀬川の河口地域を指すのであろうか。

　平家と薩摩国との関係は、その有力家人である筑後守家貞が阿多忠景の乱の鎮圧に赴いたのを嚆矢《こうし》とするようである。この乱は、薩摩平氏の族長で薩摩国阿多郡（現在の南さつま市金峰町と加世田の一部）を本拠とし、「鎮西八郎」と呼ばれた源為朝を婿に迎えた忠景が、在地の武士たちを糾合しつつ国衙や荘園領主に攻撃を加えて、保元の乱前後から数年

にわたって薩摩を中心に南九州一帯を席巻したものであった。

平家貞の追討を受けた忠景は貴海島（鬼界島）に逃亡して行方をくらませており、そのまま南島に勢力を張ったものとみられ、彼の一党の活動が琉球諸島にまで及んだことは十分に予想されるところである。

奄美地方には平家の落人伝説が存在するが、それは阿多氏が平姓であることによるのではなかろうか。すなわち、忠景の薩摩本土脱出の事実が南島における平家の落人伝説の骨格を形成したのではないかと思われるのである。

いずれにしても、琉球の祭祀歌謡として知られる『おもろ』の中に以下のようなものがあることから、いつの時代にか、本土の合戦で敗れた武士がはるばる琉球に逃げのびたという事実はあったのであろう。

せりかくの　のろの、
あけしの　のろの、
あまくれ　おろちへ、
よろい　ぬらちへ、
うんてん　つけて、

（大意）
一隊の鎧武者が運天《うんてん》（現在の沖縄県今帰仁村）の港に上陸した。
勝宇岳《かつうだけ》（名護市勝山）の上には雨雲が横たわっている。
せりかく（地名）のノロ（祝女）、あけし（地名）のノロが、

こみなと　つけて、　　その雨雲を乞い降ろして、武者の鎧をぬらした。
かつおうたけ　さがる、　聞けば、その本国なる大和・山城は今いくさの世の中であ
あまくれおろちへ、　　る。
よろいぬらさへ、
やまとのいくさ、
やしろのいくさ、

鎮西八郎為朝の琉球入りは事実ではないが、荒唐無稽な俗説として簡単に片付けてしまうわけにはいかないのである。

さて、摂関家では、藤原基実が保元三年（一一五八）八月、忠通のあとをついで関白・氏長者になっていたが、長寛二年（一一六四）二月、忠通の死去によって摂関家領の大部分を占める一五八ヵ所にのぼる遺領を継承した。基実がこの二ヵ月後に平清盛の娘盛子と結婚したのは弱体化した摂関家の荘園支配機構の補強を目的とする平家との協調路線に沿った方策とみられる。

しかるに基実は、仁安元年（一一六六）七月二十六日に弱冠二四歳の若さで逝去したため、その厖大な遺領が未処分のままのこされて問題となった。そして基実の氏長者の地位

は、長子基通《もとみち》（母は藤原忠隆《ただたか》娘）が幼少のために弟基房《もとふさ》（松殿《まつどの》）がついだが、遺領の相続は清盛の手によって阻止されるに至ったのである。

すなわち清盛は、藤原忠通の家司だった策士藤原邦綱《くにつな》の入れ知恵によって、基房には殿下渡領《でんかわたりりょう》を若干わたすにとどめ、島津庄をはじめ摂関家の資財荘園・代々の記録・宝物・邸宅までをことごとく盛子に伝領させ、邦綱を盛子の後見にすえて基通を養育することにしたのであった。平家による実質的な摂関家領の乗っ取りである。

しかし一方、保元の乱ののち、源為義・為朝父子に代表される独自の武力を失ってその勢力を失墜させた摂関家の立場からすれば、遠隔地荘園の支配を実現するためには、平家武士団を荘園制支配機構に導入することが必須の条件であったこともまた一面の事実なのであった。

かくして、源平争乱期には平家一門の忠度《ただのり》が薩摩守となり、前述のように、島津庄の政所を指揮統制する荘留守は平家家人中の有力者越中前司平盛俊がつとめていた。さらに荘目代《もくだい》・荘下司などの荘官も平家与党の在地武士によって占められていたことであろう。平家は阿多忠景のような巨大な在地領主を圧迫する一方、弱小領主層をその権力組織化の槓《こう》杆《かん》としたらしく、その結果、源平内乱期には、日向国諸県郡安楽《あんらく》（現在の鹿児島県志布志市志布志町安楽）を本拠地とした安楽為成《ためなり》をはじめ、南九州の在地領主の中には平家方に立つ者が輩出された。平家による島津庄支配は一定の成功をおさめたといえるのである。

いうまでもなく、こうした南九州の在地勢力にたいする平家の影響力は、島津庄の荘域にとどまるものではなかった。

平家の西八条亭に出仕した南九州の神官

『長門本平家物語』（巻五「伯耆局の事」）によると、大隅国正八幡宮《しょうはちまんぐう》（現在の鹿児島神宮）で執印《しゅういん》（印を管理する役で、社務を知行する最高神官）という職にあった清道《きよみち》は、平家に出仕する者であり、上洛した際には「入道殿（清盛）の内に、はえてふるまひけり」というほどの清盛のお気に入りであったという。彼は正八幡宮社家桑幡《くわはた》（息長《おきなが》姓）清道で、正しくは権執印《ごんのしゅういん》に任じ、のちに鎌倉幕府御家人に列したことが確認できる実在の人物である。

近年、霧島市教育委員会の重久淳一氏らによって精力的に進められた考古学的調査の結果、この桑幡氏の館跡からは、大量の海外の陶磁器とともに、持躰松遺跡と同様に、十二、三世紀に京都周辺で生産された楠葉型（摂関家領の河内国楠葉牧で生産）や和泉型の瓦器椀・杯などが出土しており、桑幡氏と中央の権力との密接な関係が裏付けられている。ちなみに、当時、大隅国正八幡宮は同国曽於《そお》郡の台明寺《たいみょうじ》と一体の関係にあったが、台明寺

図17　大隅国分寺跡（鹿児島県霧島市）

は朝廷の蔵人所《くろうどどころ》の供御所《くごしょ》として「青葉の笛竹」を貢進したことで知られており、既にこうしたところからも京都とのルートが開けていたのであろう。

かつての大隅国正八幡宮領蒲生《かもう》院（鹿児島県姶良市蒲生町）に鎮座する蒲生八幡神社には、『蒲生氏系図』に同社が創建されたと記されている保安四年（一一二三）頃から十五世紀頃までの京都製の鏡が伝えられている。金工美術史研究者の久保智康氏は、このことから、同社に在地の武士である蒲生氏（薩摩平氏の一族）が一貫して鏡を奉納し続けたこと、そして、蒲生氏が京都から直接鏡を入手するルートをもっていたことを指摘されている。奥羽《おうう》を支配下においた平泉の藤原氏が京都との間に太いパイプをもっていたことは、よく知られているが、南九州の在地武士たちも同様の志向を有していたのである。

十二世紀、京都には、院や摂関家に仕え、また内裏《だいり》大番役《おおばんやく》をつとめるために列島各地から武士が集まり、彼らはそこで傍輩《ほうばい》としての立場から私的な関係（「一所《いっしょ》傍輩の好《よしみ》（誼）」）を結んでいった。もとより、彼ら地方武士は、その職能をはたすうえからも都市の生産・流通に依存せざるをえない存在であったが、地方武士の利害を代表する「武家の棟梁《とうりょう》」の出現にみられるような院政期以降の武士の地位向上が、彼らの活動の領域を様々な側面において飛躍的に発展させ、京都を介した列島諸地域の交流をうながしたのである。武家政権の嚆矢としての平家政権の成立、列島規模に展開された治承・寿永の内乱、東国に本拠をおく鎌倉幕府の成立は、この脈絡の中に位置付けて評価されるべきであろう。

九州に進出する幕府御家人

千葉常胤と島津忠久

源頼朝の挙兵と千葉氏

京都の権門と結ぶ

平家政権の時代、下総国千葉庄《ちばのしょう》（現在の千葉市中央区周辺）を支配下においていた千葉氏は、十一世紀のはじめに房総半島で大反乱を起こした平忠常《たいらのただつね》の子孫である。乱後、命脈を保つことのできた忠常の子孫たちは、十二世紀のはじめの頃までの間、国衙《こくが》の在庁官人として、乱で荒廃した上総・下総（両総《りょうそう》）の再開発の担い手となり、その結果新たに成立した郡・郷の司《つかさ》に任じ、本拠地の地名を名字として名乗った。これらの一族を両総平氏と呼んでいる。

千葉氏はその一流で、下総国の上位の在庁官人である下総権介《しもうさごんのすけ》という職を世襲し、千葉郡に本拠をおきながら（そのために嫡流は「千葉介」と称する）、国内の相馬郡《そうま》（現在の千

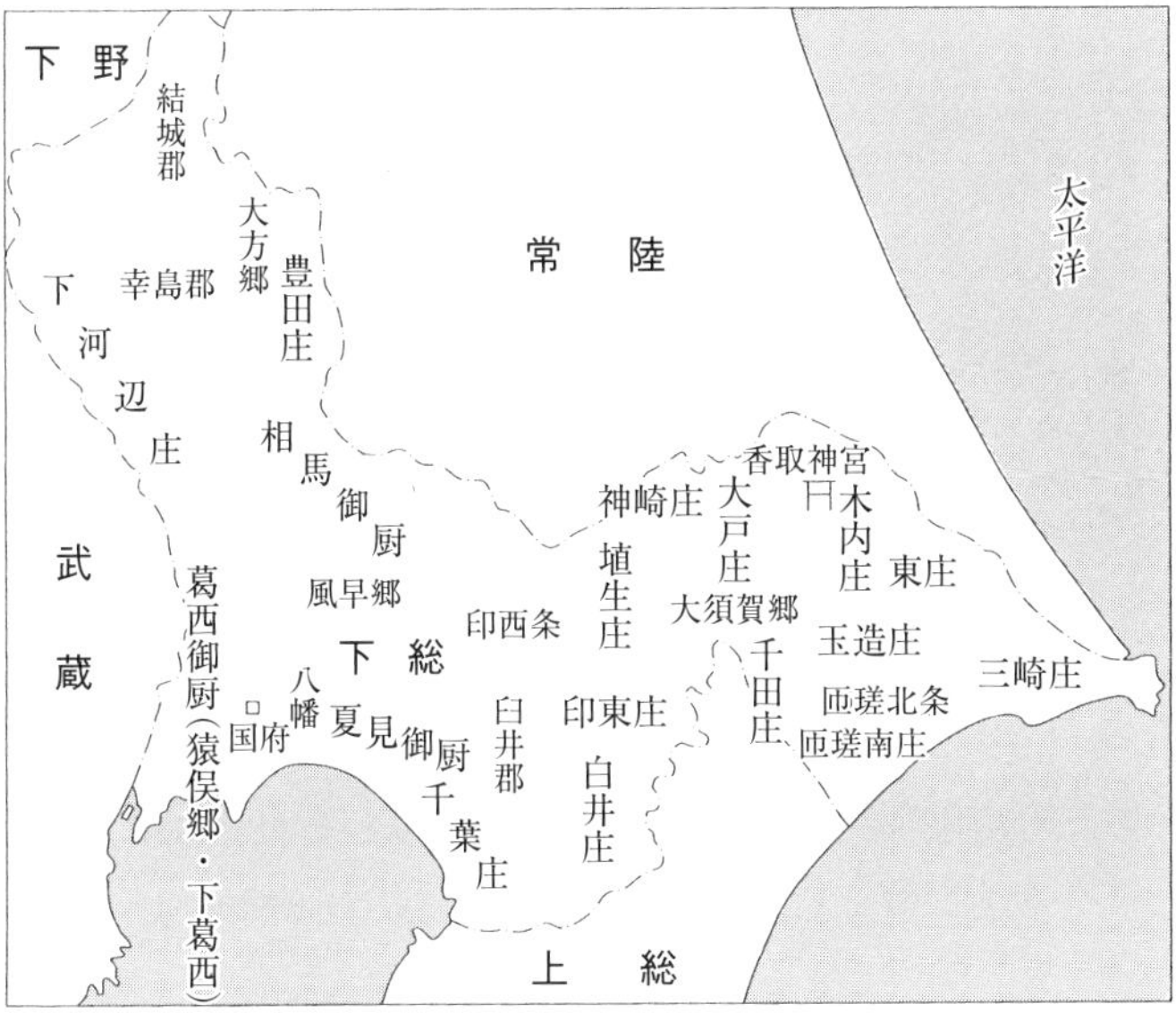

図18　下総国の荘園と公領（12世紀末）

葉県我孫子市・茨城県取手市周辺）や立花《たちばな》郷（現在の千葉県東庄町）にも所領をもっていた。

十二世紀の前半は、東国で荘園の寄進が盛んに行われた時期であるが、大治五年（一一三〇）千葉常重《つねしげ》は相馬の所領を伊勢神宮に寄進。この土地は相馬御厨《みくりや》と呼ばれるようになる。本領の千葉郡千葉郷も、この前後に王家（天皇家）に寄進されて千葉庄になっている。荘園の寄進は、国守や知行国主、その代官である目《もく》代《だい》の手から、自らの所領の権益を守るための手段として行われたものであるが、その寄進先は中央の権門寺

図19　中世前期の千葉氏居館跡の周辺（千葉市中央区）

社であったから、おのずから京都との関係は緊密化する。

たとえば、平治の乱後、それまで源《みなもとの》義朝《よしとも》にしたがっていた千葉氏は、義朝が謀叛人として討伐されたことによってその立場を悪化させ、相馬御厨はそれに乗じた都の武者源義宗《よしむね》の触手にさらされることとなる。その際、千葉常胤《つねたね》（常重の嫡子）は右大臣藤原公能《きみよし》に伊勢祭主への口利きを依頼しているのである。これは功を奏さなかったが、中央の政治変動がダイレクトに地方に及んでくる状況のもとで、千葉氏のような在地領主にとって中央権門との結びつきが、いかに重要なものであったかがうかがわれる。

平治の乱後から源頼朝の挙兵する治承四年（一一八〇）までの二〇年間は、千葉氏にとって苦難の時代であった。源義宗のほかにも、かつて下総守を重任して目代に常重を捕縛させ、相馬・立花の所領を没収したこともある藤原親通《ちかみち》の孫で、皇嘉門院《こうかもんいん》（藤原聖子《きよこ》・崇徳天皇中宮）に判官代として仕え、平家と姻戚関係をもつ親政《ちかまさ》が、下総国千田《ちだ》庄（現在の千葉県多古町周辺）に住みつき、その権威によって金原《かなばら》・粟飯原《あいはら》・原《はら》氏など、千田庄の周

系図8　千葉氏系図

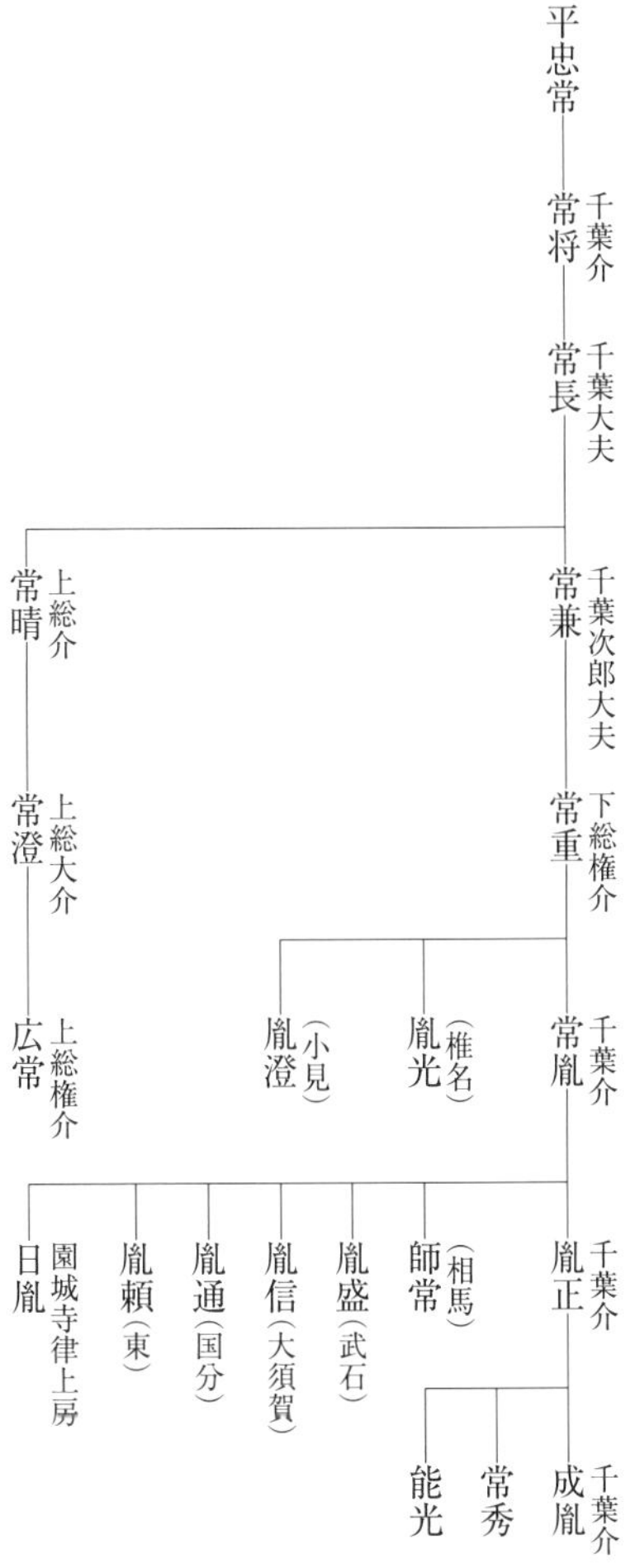

辺に本拠をおく両総平氏一族の武士たちを配下にしたがえはじめたからである。
常胤は、その娘を常陸平氏の嫡流である大掾《だいじょう》家の直幹《なおもと》や下野の宇都宮朝綱《ともつな》ら近隣の有力武士の妻として姻戚関係のネットワークをはりめぐらせるとともに、子息の胤頼《たねより》や日胤《にちいん》を京都や近江の三井寺《みいでら》（園城寺《おんじょうじ》）に送り込んでいるが、これらは在地支配権を保持するための方策の一環と考えてよいだろう。

千葉六郎大夫胤頼と律上房日胤

都にのぼった胤頼は、内裏《だいり》清涼殿《せいりょうでん》の警固に当たる滝口の武者になった。滝口は天皇の代替りごとに王族や貴族の有力者から挙申《きょしん》されることになっており、胤頼もなんらかの縁を頼ったはずである。それは先に述べた藤原公能の一族であったかも知れない。

摂津渡辺党の遠藤氏は、この滝口を代々輩出していることで知られるが、胤頼はその関係から遠藤左近将監持遠《さこんしょうげんもちとお》と親交をもつようになり、彼の推挙により後白河《ごしらかわ》上皇の姉の上西門院《じょうさいもんいん》（統子《むねこ》内親王）に仕えるようになる。そして、その御給《ごきゅう》（年爵《ねんしゃく》）によって従五位下（大夫）に叙されたのである。御給は経済的奉仕の見返りとしてなされるのが一般的であったから、この位階獲得には、当然ながら下総にあった常胤の意向が働いていたはずである。

図20　上西門院（統子内親王）の陵墓（京都市右京区）

また胤頼は、持遠の子でかつて上西門院に仕えて遠藤武者盛遠《むしやもりとお》と称し、当時は出家して神護寺《じんごじ》にあった文覚《もんがく》を師と仰ぐことになる。この二人の出会いは、源頼朝挙兵の際の千葉氏の去就に大きな影響を与えることになった。

一方、日胤は近江の三井寺（園城寺）に入り、律上房《りつじようぼう》（律静房）と呼ばれることとなる。下総国には三井寺領の玉造《たまつくり》庄（現在の千葉県多古町）があり、日胤が三井寺の僧になったのは、千葉氏がこの荘園になんらかの所職をもっていたからかもしれない。

治承四年（一一八〇）五月、平家にたいする謀叛の企てが発覚してしまったことを知った高倉宮以仁王《たかくらのみやもちひとおう》（後白河院の皇子）は、三条高倉亭（現在の京都市中京区）を脱出して三井寺に逃げ込んだ。宮を迎えたのは反平家方の僧徒たち七〇人ばかりで、律上房日胤と尊上房《そんじょうぼう》の両人がリーダー格であった。日胤はそののち、興福寺《こうふくじ》の大衆《だいしゅ》をたのんで南都（奈良）に逃れた以仁王にしたがい、宮が平家の追討軍のために加幡河原《かばたがわら》（現在の京都府木津川市）で戦死したのち、敵の中に走り入り、光明山の前で敵兵六人を倒して討死したと伝えられている。

『吾妻鏡《あずまかがみ》』によると、日胤は伊豆配流中の源頼朝とも密かに連絡をとっていたようで、頼朝は平家追討の祈願書を日胤に送り、これを受けた日胤は一〇〇〇日を目標に石清水宮《いわしみずぐう》寺《じ》に参籠《さんろう》して大般若経《だいはんにゃきょう》を見読していたが、六〇〇日目の夜に霊夢があり、所願成就の思いを致したところに以仁王が三井寺に入ったという報せを受け、祈願書を弟子の日慧《にちえ》に託して以仁王のもとに参じ、ついに討死を遂げたのだという。

この話は頼朝が祈願書を送った時期や日胤が石清水に参籠した日数が不合理で、疑問がないわけではないが、日胤が胤頼などを通じて頼朝に中央の情勢、就中《なかんずく》寺社勢力の反平家的状況を伝えることによって頼朝に挙兵を踏み切らせるうえで大きな力となったことは想像できると思う。

胤頼の師文覚は、後白河院の平家追討の意志を伊豆に配流されていた頼朝に伝えたことで知られが、胤頼も頼朝のもとにしばしば出入りしていたらしい。治承四年、以仁王が源頼政《よりまさ》とともに挙兵した際、胤頼は大番役《おおばんやく》のために在京しており、以仁王追捕の官兵《かんぺい》として動員され、日胤と兄弟敵味方となってしまう。その後、帰郷をゆるされた胤頼は、下総への帰途、相模の三浦義澄《よしずみ》とともに伊豆北条《ほうじょう》の頼朝のもとを訪れている。

千葉常胤、頼朝に賭けて起つ

治承四年（一一八〇）九月、石橋山《いしばしやま》合戦に敗れ安房に上陸して再起を期した源頼朝の要請を受けた千葉常胤（時に六三歳）は、反平家の挙兵を決意。六男の胤頼、孫の成胤《なりたね》をもって下総国の目代を襲わせ、その首級をあげた。これによって後顧の憂いをなくした常胤は、一族を引具して頼朝を迎えるために上総に赴いたが、その隙をついて常胤の本拠千葉庄に藤原親政の率いる平家方一千余騎の軍勢が乱入した。

一方上総国では、平家の東国支配の要として「八ヶ国の侍の別当」（『延慶本《えんぎょうぼん》平家物語』）と呼ばれていた上総介藤原忠清《ただきよ》（上総は親王任国であるために介が実質的な国守）の目代平重国《しげくに》（京都栂尾高山寺《とがのおこうざんじ》の開山として知られる明恵《みょうえ》の父）が、源氏側の軍勢に討たれ、ここで、当国の在庁官人（上総権介）にして両総平氏の嫡流、東国一の大武士団を率いる

図21　坂東武士団の分布と挙兵後の源頼朝の進路（治承4年）

上総広常《ひろつね》が、安房から北上してきた頼朝の一行を迎えていた。常胤はここに集結していた大軍とともに、千葉庄に引き返し、結城浜《ゆうきはま》（現在の千葉市中央区寒川）において激戦の末に、親政の軍勢を打ち破った（『源平闘諍録《げんぺいとうじょうろく》』）。本拠地を離れることによって、親政の軍を誘い込み、大軍をもって一挙に討滅するという常胤のシナリオどおりに事は運んだのである。

頼朝は安房に上陸するやすぐに、「諸郡を与力の輩《ともがら》に分与」（『山槐記《さんかいき》』）という敵方所領没収と新恩給与を行っていたから、ここで常胤は千葉庄などの本領を安堵されたうえに、自らの軍事行動によって占領した親政の所領千田庄などを頼朝側の論理でいう「謀叛人跡」として獲得したことであろう。

なお、常胤は九月十七日、下総国府（現在の千葉県市川市）で捕虜にした藤原親政を頼朝の実検に供するとともに、平治の乱ののちに身柄を預かり養育していた源氏一族の少年頼隆《よりたか》（平治の乱で義朝に従って討死した毛利義隆《よしたか》の遺児）を頼朝に引き合わせている。

寿永二年（一一八三）末、常胤は同族の上総広常が謀叛の嫌疑によって鎌倉の営中で誅殺されると、その本領であった上西門院領上総国玉前庄《たまさき》（現在の千葉県長生郡一宮町・睦沢町）をはじめ両総に展開する遺領の大半を継承。この時点で、彼は東国における最大規模の在地領主となった。東国の自力救済社会の中で、権門との関係に意を用いて中央の政治情勢を把握することにつとめ、在地支配における窮地を脱するべく積み重ねていた常胤の努力がようやく報われたのである。

鎮西守護人千葉常胤

文治元年（一一八五）三月二十四日、平家一門は壇ノ浦合戦で源義経の軍門に降った。しかし、その勝利の前提を義経の兄範頼《のりより》がつくっていたことは、あまり知られてはいない。

源範頼による九州制圧

元暦元年（一一八四）八月八日、鎌倉を出発した範頼は、上洛して朝廷より追討官符を受け、九月二日に出京。その後、備前国児島《こじま》合戦（藤戸《ふじと》合戦）で平家軍を撃破し、周防国から長門国赤間関《あかまがせき》（現在の山口県下関市）に進軍したものの、兵粮と船の不足によって東国勢の士気が低下し、文治元年正月十二日の段階では周防国に後退していた。しかし、後白河院と直結して反平家の立場を鮮明にした豊後国の緒方一族から兵船八二隻の提供を受

図22　藤戸合戦の戦場跡（岡山県倉敷市）

けたことにより、同月二十六日、豊後国に渡海して現在の大分市にあった国衙をおさえ、二月一日には豊前国の芦屋浦《あしやうら》（現在の大分県中津市のあたり）で、当時平家に仕えて在地武士でありながら大宰権少弐《だざいごんのしように》に任ぜられていた原田種直《はるだたねなお》の軍と戦ってこれを破り、二月五日、宇佐八幡宮《うさはちまんぐう》に奉幣《ほうべい》した範頼は、その後、大宰府《だざいふ》に侵攻して筑豊地域を席巻し、長門国彦島《ひこしま》による平家軍の退路を断っていたのである。『延慶本平家物語』第六本に、

　九国ノ輩モサナガラ源氏ニ心ヲ通シテ、筥崎《はこざき》ノ津へ寄ベシト聞へケレバ、筥崎ノ津ヲモ出給ヌ、何クヲ定テ落着給ベシトモナケレバ、海上ニ漂ヒテ、涙ト

共ニ落給ケルコソ無慚《むざん》ナレ（一二「能盛内左衛門ヲ生虜事」）
平家ハ屋嶋ヲバ落レヌ、九国ヘハ不被入、寄方ナクテカクガレテ、長門国檀浦、門司関ニテ浪上ニ漂《ただよ》ヒ、船中ニテ日ヲ送ル（一四「平家長門国檀浦ニ付事」）

と、九州勢が源氏に屈服したために、平家軍が九州に上陸することができず、軍船を筥崎（現在の福岡市）に繋留することすらも叶わなくなったことを記すのは、まさにこの状況を示すものであろう。

一般に、源範頼は義経の影に隠れて、「凡将」との評価が下されている。これにたいして金沢正大氏は、上記の作戦の経過を明らかにしたうえで、彼が軍事指揮官として優れた才能を有していたことを指摘されている。

千葉常胤は、孫の常秀《つねひで》らとともに、この範頼軍に従軍していた。

老将常胤、鎮西を守護し、京都の治安を回復する

源頼朝の再起に貢献し、寿永二年（一一八三）末に粛清された上総広常に代わって両総平氏の族長となった千葉常胤は、木曽《きそ》（源）義《よし》仲《なか》・平家追討において源範頼の軍中に属し、参謀格として大いに活躍したらしい。

千葉介ことに軍にも高名し候けり、大事にせられ候へしこれは、文治元年（一一八五）正月六日、頼朝が出陣中の範頼に宛てた書状に記した文言である（『吾妻鏡』）。同月二十六日、兵粮米の欠乏に窮していた範頼軍は、在地武士の来援を得てようやく周防から豊後への渡海をはたしたが、『吾妻鏡』は、常胤もこのとき「衰老を事とせず、風波を凌いで進み渡」ったことを伝えている。

その後、常胤は壇ノ浦合戦で平家が滅亡したあとも九州にとどまり、「鎮西守護人《ちんぜいしゅごにん》」として戦後処理にあたった。これらの勲功賞として、常胤は豊前国上毛《こうげ》郡成恒名《なりつねみょう》（現在の福岡県上毛町）・肥前国小城《おぎ》郡（現在の佐賀県小城市）・薩摩国島津《しまづ》庄寄《より》郡五箇《よせごおりごか》郡・国内没《もっ》官御《かんご》領《りょう》四一一町（現在の甑《こしきじま》島を含めた鹿児島県薩摩川内市など）・大隅国菱刈《ひしかり》郡入山《いりやま》村（現在の鹿児島県伊佐市菱刈）に地頭職《じとうしき》を獲得したが、それらは常胤の九州上陸後の進軍経路〈豊後→豊前→大宰府→肥前〈有明海・東シナ海〉→薩摩→大隅〉に対応するものとみてよいであろう。成恒名は芦屋浦にほど近く、常胤は自らの占領地に対する支配権を地頭職として追認される形で鎮西における所領を拡大していったことが読み取れる。これらの所領のうち、肥前国小城郡を除くすべてが、この遠征で常胤に同行した孫の常秀に伝領されることになるのは、自然の成り行きといえよう。

プロローグでも触れたように、九州においては、御家人に認定された在地の領主が小地《こじ》頭《とう》に補され、その上に郡規模の広域的な惣地頭《そうじとう》として東国武士がおかれる場合があり、肥前や薩摩における常胤の立場も同様なものであったと考えられている。ちなみに、文治二年、薩摩国牛屎郡《うしくそ》（現在の鹿児島県伊佐市大口周辺）の郡司《ぐんじ》・弁済使職《べんざいししき》に肥前国小城郡を本貫とすると思われる小城重道《しげみち》が補されているのは、常胤の鎮西守護人としての職権に基づく恣意的な引級による可能性が高く、もともとの在地領主であった大秦（太秦《うずまさ》）元光《もとみつ》らは、翌年自ら鎌倉に赴いて頼朝に訴え、知行権を回復している。

この文治二年には、薩摩国島津庄でも常胤の代官紀清遠《きのきよとお》が乱暴狼藉を働いたために、頼朝は常胤にその更迭を約束させるということがあり、西国における地頭設置にたいする国司・荘園領主の反発をうかがうことができる。

文治三年八月、「洛中の狼藉は関東御家人の仕業である」という風評が立ったため、常胤は彼と同じ下総国の武士である下河辺《しもこうべ》行平《ゆきひら》をともなって上洛し京都の治安維持にあたっている。常胤の滞京期間は一〇日ほどにすぎなかったが、大きな成果をあげたらしく、このとき関東申次《かんとうもうしつぎ》の任にあった権中納言《ごんちゅうなごん》吉田（藤原）経房《つねふさ》は「彼の両人上洛以後は、洛中以《もって》の外静謐《せいひつ》なり、能々感じ仰せらるべきの旨に候なり」と頼朝に宛てた消息に記している。

図23　平安朝の相撲人（『古事類苑』武技部所収「相撲取之図模写」）

相撲人を出した大秦氏と阿蘇氏

平家の滅亡と範頼軍の進駐によって、九州の政治地図は大きく塗り替えられることとなったが、九州の小領主たちは、その大きな波に飲み込まれまいと、あらゆるコネクションを利用して、自己の立場を拡大、維持しようとした。右にみた小城重道と大秦元光の行動は、その典型的な事例といえよう。

ところで、この大秦氏であるが、平安末期に相撲人《すまいびと》として都に出仕したことが史料にみえている。

相撲は古くから朝廷の年中行事に取り入れられ、毎年七月に節会《せちえ》が行われた。相撲節には諸国から強力《ごうりき》の者が選抜されて腕を競ったので、いきおいその技術や作法は高度に洗練されて、後世に名を残す名手もあらわれた。『続本朝往生伝』に「異能」として名をあげられ、「短太《ひきふと》ニテ器量《いかめ》シク、足早クテ微妙《いみじ》ナリシ相撲」（『今昔物語集』巻二三の第二四）といわれた甲斐国の相撲人大井光遠《おおいのみつとお》などはその代表格であろう。

この節会相撲は、延暦十二年（七九三）から恒例となり、途中、自然災害や疾疫などによって延引・停止された年もあったが、ほぼ三〇〇年間にわたって継続された。しかし、十二世紀初頭、保安年間以後三十余年間中絶し、保元三年（一一五八）信西《しんぜい》の朝儀復興策によって再興されたが、また翌年から行われず、その後、十余年を経て、承安四年（一一七四）に行われたのを最後に、ながく廃絶されるという経緯をたどる。その最後の相撲節に大秦元光が相撲人として参加しているのである。安元元年（一一七五）八月日付「左近《さこの》衛府牒《えふのちょう》」は、左近衛府から薩摩国衙に宛てて発給された文書であるが、この史料から、元光の先祖は代々が相撲人をつとめており、康和二年（一一〇〇）元平《もとひら》が、その「貢節《こうせつ》の功」によって、はじめてその本拠地である薩摩国牛屎郡の郡司に補されて以後、ほとんど代々にわたって、近衛府牒と宣旨《せんじ》によって、その職を安堵されていたということが知られる。

ちなみに、この大秦氏については『長秋記《ちょうしゅうき》』大治四年（一一二九）五月十八日条に興味深い記事がみえる。薩摩国衙から相撲人の元定《もとさだ》とその子の元宗《もとむね》・元兼《もとかね》が官符も宣旨ももっていないのに、免田《めんでん》（非課税の田）だと称して官物《かんもつ》を弁済しないと訴えてきた。参議の立場で陣定《じんのさだめ》（公卿会議）に出席していた源師時《もろとき》（『長秋記』の記主）は、「相撲免田は、近衛府が承認することだから、この件は近衛府に裁定を委ねるべきだ」と発言し、諸卿もこれに賛成したという内容である。また、『山槐記』永暦元年（一一六〇）七月八日条には、この日記の記主である左近衛中将藤原忠親《ただちか》のもとへ左近衛府の座頭光堅《みつかた》が来て、薩摩国の相撲人からの訴えによって、忠景《ただかげ》・忠永《ただなが》の押妨《おうぼう》を停止すべきことを記した近衛府発給の文書に署判を求めたという記事があり、当時、近衛府が相撲人にたいして郡司職への補任・免田の宛給を「貢節の功」にたいする見返りとして行い、さらに国衙や近隣勢力からの圧迫から在地領主たる相撲人の権益を保護する役割をはたしていたことがうかがえるのである。

系図9　大秦氏系図

元平……元重―元永┬元光
　　　　　　　　　└元能

系図10　阿蘇氏系図

惟遠……惟利（阿蘇四郎）―惟宣（大宮司）―資長―惟泰（大宮司）

ちなみに、ここに薩摩国相撲人に押妨を加えたとある忠景は、薩摩平氏の棟梁《とうりよう》阿多《あた》忠景、もう一人の忠永は、その兄弟の頴娃《えい》忠永にほかならない（系図6参照）。

ほかに、この時期に九州で相撲人を出したことが知られるのは、肥後国の阿蘇（宇治）氏である。阿蘇氏は肥後一宮阿蘇神社の大宮司家で、中世には広く肥後平野に勢力を及ぼして、鎮西でも有数の武士団として発展を遂げた。この阿蘇氏からは寛治二年（一〇八八）に惟遠《これとお》、天永二年（一一一一）に惟利《これとし》が相撲人として出仕したことが知られる。

東海道大将軍千葉常胤

千葉一族、奥州太平洋岸をおさえる

文治五年（一一八九）、源頼朝は日本国の軍事覇権確立のための総仕上げとして平泉藤原氏征討の軍を発した。いわゆる「文治奥州合戦」である。

このとき、下総守護たる千葉常胤は常陸守護の八田知家《ともいえ》とともに東海道大将軍として出陣。東海道軍は宇多《うだ》郡（現在の福島県相馬市および新地町周辺）・行方《なめかた》郡（現在の南相馬市周辺）を経て、岩城《いわき》（現在のいわき市北部）・岩崎《いわさき》（現在のいわき市中央部）をめぐり、遇隅河《あぶくまかわ》の湊《みなと》（現在の宮城県岩沼市阿武隈）を目指して北進した。戦後の論功行賞で常胤は御家人の筆頭として陸奥国内に多くの所領を最前に拝領したが、そこで注目されるのは、常胤およびその子息たちの得た所領が、好《よ》島《しま》庄（現在のいわき市）・千《ち》倉《くら》庄（現在の南相馬市鹿島区）・高城《たかぎ》保（現在の宮城県松島町周辺）・行方郡・亘理《わたり》郡（現在の宮城県亘理町）と、すべて陸奥南部の太平洋に面した地域に集中するという事実である。

論功行賞における所領の恩給地の選択にあたっては、九州においてもそうであったように、現にその対象者が占領して実力支配を行っていたり、受ける側の希望が反映されるのが慣例であった。とすれば、ここで常胤らが獲得した陸奥南部海岸沿いの地域は、東海道大将軍たる常胤の戦争管轄地域における敵方所領没収（謀叛人跡没官）の成果とみることができ、かつ千葉氏がその所領支配のネットワークを構築するうえで好都合な条件を有していたものと考えられるのである。

ちなみに、翌建久元年（一一九〇）に平泉藤原氏の遺臣大河兼任《おおかわかねとう》が反乱を起こした際、「東海道岩崎輩」すなわち海道《かいどう》平氏の一族は常胤の下向を待たずに、その先登として進発するという積極的な態度をとっており、これは陸奥南部海岸沿いの地域ないしはその大部分を支配下におく海道平氏と千葉氏との古くからの関係を示唆するものではないかと考えられる。

現在、山形大学附属図書館に所蔵されている『中条《なかじょう》家《け》文書《もんじょ》』の中に、鎌倉時代末期までに成立したと思われる桓武平氏の諸流などを記した古系図（「桓武平氏諸流系図」）がある。この系図は千葉常胤の父常重の母を「海鳥（道）三郎大夫忠平《ただひら》女」と記しているが、この忠平は海道平氏の系譜を伝える『岩城国魂《くにたま》系図』に「高久《たかく》三郎忠衡《ただひら》」とみえる人物に同定される。すなわち、千葉氏は海道平氏嫡流と外戚関係で結ばれていたのである。

奥州合戦の結果、旧勢力のほとんどが一掃された陸奥国において、岩城・岩崎氏が本領を安堵され、岩城氏が好島庄において預所《あずかりどころ》千葉氏のもとで地頭職を保持している点からも、千葉氏と海道平氏との深い結びつきをうかがうことができるのである。

千葉常重の祖父常永《つねなが》（常長）は、源義家《よしいえ》にしたがって前九年・後三年合戦に参加したと伝えられており、海道平氏との関係はこの過程で生まれたのであろう。文治五年の奥州合戦における東海道軍の陸奥侵攻は、その経路（『吾妻鏡』に北方の宇多・行方が岩城・岩崎より先に記されているのが不審であるが）としてあげられている地名がすべて海岸線上に求められることと到着地が遇隈河の湊であることなどから、海路が利用された可能性が高い。千葉氏と海道平氏は太平洋の海の道を通じて思いのほか密接な関係にあったのかも知れない。

久安二年（一一四六）、千葉常胤はその所領下総国相馬御厨（現在の千葉県我孫子市周辺）内の公田に課された官物の未進分を納入したが、その中には砂金三二両が含まれていた。十二世紀のはじめ、摂関家が奥羽《おうう》二ヵ国の五つの荘園から年貢として取り立てた砂金の合計でさえ二五両であったことを想起すると、この額はきわめて大きく、千葉氏がこれだけの砂金を手に入れることができた前提として、奥州との日常的な交易活動の存在を認めざるをえないであろう。

この時代、奥羽の産品（交易品）としては、砂金のほかに馬・海豹皮《あざらしのかわ》・鷲羽《わしのはね》などがあげられるが、これらはすべて武士が職能上の乗馬・装備（武器・武具・馬具）に用いる必需品あるいはその材料となるものであった。『源平盛衰記』（巻三七）によれば、武蔵武士の代表的存在として知られる熊谷直実《くまがいなおざね》の乗馬「権太栗毛《ごんたくりげ》」は陸奥国一戸《いちのへ》（現在の岩手県一戸町）、乗替の「西楼《せいろう》」は三戸（現在の盛岡市）、子息小次郎の乗馬「白浪《しらなみ》」は同国栗原《くりはら》郡姉葉《あねは》（現在の宮城県栗原市金成姉歯）の産で、このうち「権太栗毛」は家の舎人《とねり》に上品の絹二〇〇疋《ひき》をもたせて陸奥に下らせ、選りすぐって買い取った逸物であったという。このように、奥羽は、乗馬はもとより、武器・武具の原材料供給地として、武士階層にとって関心の埒外《らちがい》にある地域ではありえなかったのである。

治承四年（一一八〇）の挙兵の段階には平家政権の下で汲々たる有様の下総の一在地領主にすぎなかった千葉常胤は、わずか一〇年足らずの間に、北は陸奥、南は薩摩に至る列島各地に所領を有する大領主へと変貌を遂げたのである。若き日には父常重とともに国守の圧力や周辺の在地勢力との競合に疲れ、壮年期は平家政権の下で辛酸をなめた常胤の人生には、還暦を過ぎてから、想像だにしなかったほどの飛躍が待ち受けていたのであった。彼の感懐はいかばかりのものであっただろうか。

都市領主としての千葉氏

それにしても、北は陸奥、南は薩摩・大隅と、列島各地に散在する所領をこれまでのように支配することは不可能である。遠隔地の所領には一族・郎等《ろうとう》や新規に雇い入れた行政事務に練達した吏僚を送り込み、また以前からその地にあって千葉氏に服した在地領主層を所務《しょむ》代官・沙汰人《さたにん》などとして雇い入れ、所領管理人とすることによって、千葉や鎌倉に居ながらにして、各地の富を掌中にできる体制を構築する必要にせまられたのである。その結果、千葉氏は本格的な都市領主へと変貌を遂げることになったのである。

これは千葉氏に限ったことではない。九州や西国など列島各地に地頭職を獲得した御家人は、鎌倉で都市生活を営みつつ、不在地主として地方からの収益を吸い上げるようにな

図24　千葉氏の地域間ネットワーク

ったのである。東国出身の有力御家人たちは、彼らの本拠地および幕府所在の鎌倉と各地に展開する所領を結ぶ列島規模の広域ネットワークの中に規定される存在となったのである。

このような広域ネットワークの結節点となったのは、鎌倉ばかりではない。千葉常胤の嫡流（千葉介）は、先にあげた内乱期に獲得した九州の所領のうち、肥前国小城郡惣地頭職を代々伝領したが、当郡内で訴え出られた訴訟事件の審理は、千葉介が大番役勤仕で在京中、当事者を上洛させて行っていたことが千葉県市川市中山《なかやま》法華経寺《ほけきょうじ》所蔵『日蓮遺文紙背文書《にちれんいぶんしはいもんじょ》』から明らかにされている。

この『日蓮遺文紙背文書』というのは、日蓮がそのパトロンで千葉氏仕官の吏僚であった富木常忍《ときじょうにん》（父の代に因幡国から千葉氏の事務官として採用されたらしい）から下された廃棄文書の裏に教典やメモを書き残したもので、本来表側に書かれた膨大な数の文書が紙背に残された貴重な史料である。

同文書の中には、千葉介が上洛するに際して、東海道の沿道の所領に京上役を宛課したこと、あるいは建長年間（一二四九〜五六）の頃、千葉氏の従者で鎌倉にいた「ほうれん（宝蓮カ）」なる者が、京都から到着した仏像を寺か堂に安置するための手配をしたり、京都からの手紙を取り次いだりしていたことが記されている。また、千葉介被官で千葉庄寺《てら》山《やま》郷（現在の千葉市若葉区東寺山町周辺）の住人である寺山小二郎が六浦《むつら》（現在の横浜市金沢区六浦）の金融業者と交渉をもっていたこと、千葉介の京上用途が小城郡からの京上用途を担保にした替銭《かえぜに》によって調達され、その替銭を用立てた「すけ（介）の馬允《うまのじょう》」という千葉氏の御用商人的な金融業者が存在したといった記事もみられ、当時既に遠隔地所領の資本をもとに替銭によって資金を調達するほどの信用経済が確立していたという事実を知ることができるのである。

中世日本列島において経済面でも圧倒的に大きな機能を有した京都、そして鎌倉の外港として国際貿易の場ともなった六浦も、千葉氏の所領支配のネットワークの中で重要な役割をはたしていた。こうしてみると、千葉氏は流通と大きな関わりをもった都市的な存在として再評価されなければなるまい。

鎌倉幕府の成立と南九州

古代の薩摩・大隅地方

中世の南九州といえば、その主役は島津氏であろう。鎌倉幕府の成立の時期、南九州には、多くの東国の勢力が入部してきたのであるが、その中にはやがて政争に敗れて所領を失ってしまうものもあり、残った東国出身勢力や平安時代以来の在来勢力をしたがえ、最終的に全体を統合して支配下においたのが島津氏だったのである。南九州における武士勢力の展開は、この島津氏の登場をもって大きな画期を迎えるのだが、その成立を語る前に、ここでもう一度、南九州の古代から中世に展開する過程を振り返り、さらに中世末までの歴史を概観しておくことにしよう。

南九州地方に居住した古代の原住民は熊襲《くまそ》・隼人《はやと》と呼ばれる。熊襲は肥後・大隅を本拠にしたが、『古事記』などによれば四世紀頃大和政権に服属したらしい。その後、薩摩にも大和（ヤマト）の勢力が入りこみ、『職員令《しきいんりようの》集解《しゆうげ》』に

　古辞に云う。薩摩・大隅等国人、始め捍《ふせ》ぎ、後に服するなり。已れ犬と為りて人君に仕え奉らば、此れ則ち隼人と名付くるのみ

とみえるように、薩摩・大隅の人々は、服属した異民族として北方における「蝦夷《えみし》」＝「毛人《えみし》」と同様に、「隼人」の名をもって呼ばれることとなる。ここで、注意されるのは傍線部分の記述で、『延喜式《えんぎしき》』に「その駕、国界および山川道路の曲を経るに、今来隼人、吠をなす」とあるように、服属した隼人は天皇の行幸にしたがい、国境などで犬吠をさせられるという差別的な状況におかれたことである。隼人は狩猟を事とする被征服民として差別の対象とされたのである。ちなみに、「今来《いまき》隼人」の「今来」とは渡来人を意味する。

　大和国家にとって、隼人は朝貢の主体として新羅人などと同列に位置付けられる存在で、一部は畿内近国への強制移住を余儀なくされている。現在、付近に関西学園研究都市が造成されている京都府京田辺市には「大住《おおすみ》」という地名が残されているが、ここは大隅隼人の移住地であったと伝えられる。

　しかし、彼らは決して大和国家の支配に忍従したわけではなかった。それは、以下に示

したように、その後、八世紀の前半に隼人の反乱が頻発したことからも明らかであろう。

大宝　二年（七〇二）薩摩・多褹《たね》（種子島）に反乱。
和銅　六年（七一三）隼人を討った兵士一二八〇人余に授勲。
養老　四年（七二〇）隼人反乱し、大隅国守陽侯史麻呂《やこのふひとまろ》を殺害。これにたいし、大伴《おおともの》旅人《たびと》を征隼人持節大将軍《せいはやとじせつたいしょうぐん》に、笠御室《かさのみむろ》・巨勢真人《こせのまひと》を副将軍に任命。
養老　五年　副将軍ら帰還（将軍は前年帰還）。斬首獲虜合計　四〇〇人余。
養老　七年　隼人を討った兵士に「復二年」を賜る。
天平十二年（七四〇）藤原広嗣《ひろつぐ》の乱に際し、反乱軍の先鋒となって活躍。
（出典はすべて『続日本紀《しょくにほんぎ》』）

一般に律令体制の下では、日本全体が一律に公地公民制に基づいて班田《はんでん》制が実施されていたかのように考えられている。しかし、『続日本紀』天平二年三月条に、

大宰府言わく、大隅・薩摩両国の百姓《ひゃくせい》、国を建ててよりこのかた、いまだかつて田を班《わか》たず

とあるように、薩摩・大隅の両国では長い間、班田の実施はなされず、これがようやく実施されたのは、八世紀の最後の年である延暦十九年（八〇〇）のことであった（『類聚国《るいじゅこく》

史《し》』）。

しかし、平安時代に入ると薩摩・大隅地方もようやく内国化が進んだらしい。そして、ちょうど東国で受領として任国に赴いた中央貴族が留住・土着して勢力を広げていったのと同じように、平安中期の頃になると、南九州には大宰府官人の進出がみられるようになる。特によく知られているのが、日向国に島津庄を立荘した平季基《すえもと》である。

前述のように、平季基は刀伊《とい》の入寇《にゅうこう》のときに活躍した平為賢《ためかた》の一族で、大宰大監《だざいのだいげん》に任じて肥前国に本拠をもつ軍事貴族であった。季基は万寿年間（一〇二四～二八）、肥前国を本拠とし、現在の宮崎県都城市のあたりを領域とした地域を関白藤原頼通《よりみち》に寄進して島津庄を開いたが、やがてこの荘園は日向のみならず、大隅・薩摩三ヵ国にまたがる大荘園へと成長を遂げることになるのである。

また、季基の子孫は薩摩地方の各地に武士団として展開し、国内の院司《いんじ》・郡司としての公権を背景として各地域の在地領主として成長を遂げていったのである。このような状況も、東国における桓武平氏良文《よしふみ》流（千葉氏や畠山《はたけやま》氏など）や秀郷《ひでさと》流藤原氏（平泉藤原氏や小山《おやま》氏など）の発展と共通するものがみいだせるのである。

南九州の大武士団

十二世紀の後半、東国には、上総一国のみならず下総のかなりの部分までを支配下において、反乱勢力として万に及ぶ軍事力を動員することができ、主人である頼朝に対して「朝廷のことばかり考えていて、見苦しいぞ」と豪語したことで有名な大豪族的領主上総権介広常が現れるが、それよりやや早く十二世紀の半ば頃、南九州にも薩摩国阿多郡郡司職を基盤に「一国惣領」をなし遂げ、さらに大隅国にも勢力を広げた薩摩平氏の棟梁阿多権守《ごんのかみ》忠景なる者が出現している。『保元物語』上に、鎮西八郎為朝《ためとも》について「十三の年より豊後国に居住して、阿蘇（阿多）平四郎忠景がむこになりて、九国をなびけんとするに」とあることからわかるように、源為朝がこの忠景と結託することによって鎮西における地域権力を樹立したことは既に詳述したところだが、おもしろいことに、それは東国において上総広常の父常澄《つねずみ》が為朝の兄義朝《よしとも》を養君《やしないぎみ》にしていたことと見事にオーバーラップするのである。

この地域権力は源為朝が保元の乱に敗れ、忠景が勅勘《ちょっかん》を蒙《こうむ》って平家の有力家人である筑後守平家貞《いえさだ》の追討を受けたことによって壊滅したが、河辺《かわなべ》・鹿児島・谷山《たにやま》・指宿《いぶすき》氏など薩摩平氏の一族は、その後も在地に大きな勢力を保ったのである。

系図11　西遷地頭鮫島氏と在地勢力との通婚

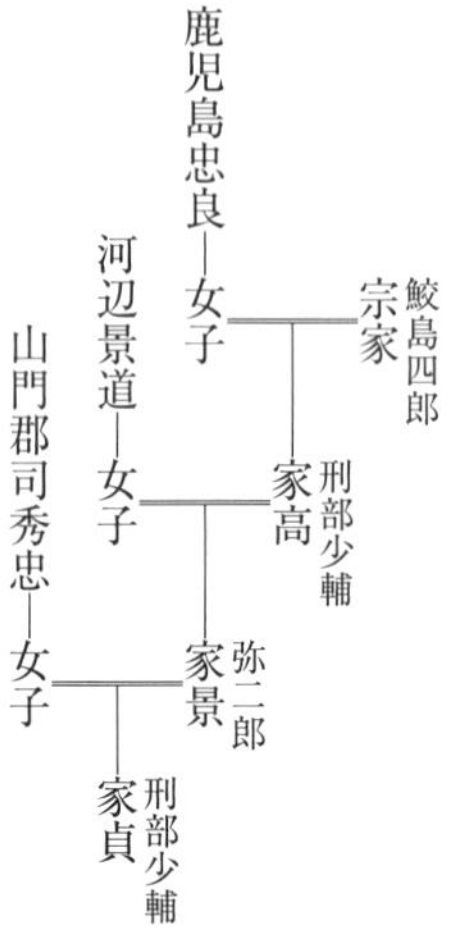

東国御家人の西遷

鎌倉幕府の成立にともない、当初、薩摩・大隅・日向三ヵ国の守護に任じられた島津氏をはじめ、南九州にも多くの東国御家人が所領・所職《しょしき》を与えられた。やがて、彼らの一族は東国を離れてこの地に移住する動きを示す。

一般に西国に移住した東国御家人は在地社会の強力な抵抗にあい、在地勢力との通婚もままならず、東国出身の御家人同士のケースの多いことが指摘されている。しかし、薩摩の場合、所領所職の面で競合する薩摩平氏など在来の在地勢力との対立はみられても、在地社会ないしは農民層の抵抗はまったくみられない。また、『鮫島《さめじま》氏古系図』の記載の示すように、新来の東国御家人と在来の在地勢力との通婚も比較的容易に行われたもののようである。

南九州は生産基盤が狩猟畑作であることや中央から辺境として位置付けられていたことなど、東国と共通する自然的土壌と社会的位相を形成しており、そこに東国の御家人が東国の論理をもって臨んでも、その貫徹はほかの地域より比較的たやすかったのであろう。

ちなみに、十三世紀半ば、薩摩国入来院《いりき》（現在の薩摩川内市）の地頭に補された相模国の御家人渋谷《しぶや》氏が本貫地の上層農民をともなって入部した事実が海津一朗氏によって明らかにされており、東国的社会にまさに東国そのものが移植されたのがこの時代であったということができよう。

やがて、いくたの抗争の結果、西遷《せいせん》御家人・旧勢力の統合に成功した島津氏が、中世南九州の覇者としての地位を固めていく。しかし、中世は一面、統一的な権力から地方が解放された時代であり、その「自由」の中で薩摩半島・大隅半島の海商・海民の東アジア世界を舞台とした活動は顕著なものがみられたと思われる。彼らこそ「倭寇世界」の主役であり、国境や民族にかかわりなく東シナ海や太平洋を舞台にグローバルな活動を展開したのであった。坊津《ぼうのつ》・山川・志布志《しぶし》など、中世の港津の考古学的調査がそれを裏付ける日も遠くはあるまい。

東国の中世に幕を降ろしたのは、小田原北条氏を完膚無きまでにたたきのめした豊臣秀吉である。これによって中世初期以来の東国生え抜きの勢力はほぼ一掃され、在地社会も近世的な支配構造のもとにおかれることとなる。ところが、関東の北条氏と同様、秀吉の統一事業に敵対した島津氏は滅亡の憂き目をみることなく、薩摩・大隅と日向の一部の支配を認められている。

関ヶ原の合戦で西軍に味方した大名はたとえ一兵を動かさなくても、国替え・減封は免れなかった。にもかかわらず、西軍に属したばかりか、徳川家康の本陣前を突破して退却した島津氏は本領を安堵されているのである。

結局のところ、秀吉の九州征討のときも関ヶ原合戦のときも島津氏の処分は保留されているのである。その理由については、様々な興味深い説も示されているが、詮ずるところ、薩隅の異域性に基づく一種の「切り捨て」とみる以外にはないのではなかろうか。近世島津支配下における「中世の残存」は、かくして決定付けられたのであった。そして、そこに形成された特殊な武家社会のあり方が、幕末動乱から明治維新における薩摩藩活躍の素地となったことも、また一面の事実といえるのである。

島津氏の成立

南九州の中世史は島津氏の存在を抜きにして語ることはできない。したがって、島津氏（惟宗氏《これむね》）がどのような事情で当該地方と関係をもつに至ったのか、すなわち成立当初の島津氏の性格を知ることが南九州中世史理解のためのひとつの前提となろう。

島津忠久の誕生

島津氏の初代となる惟宗忠久《ただひさ》は、もともとは摂関家に仕える一介の京侍《きょうざむらい》にすぎなかった。その彼が、なにゆえに源頼朝に登用され、鎌倉に樹立された幕府権力の一翼を担うに至ったのか、そして彼は、幕府の鎮西支配においてどのような役割を委ねられたのだろうか。

系図12　比企氏の姻戚関係（『吉見系図』より）

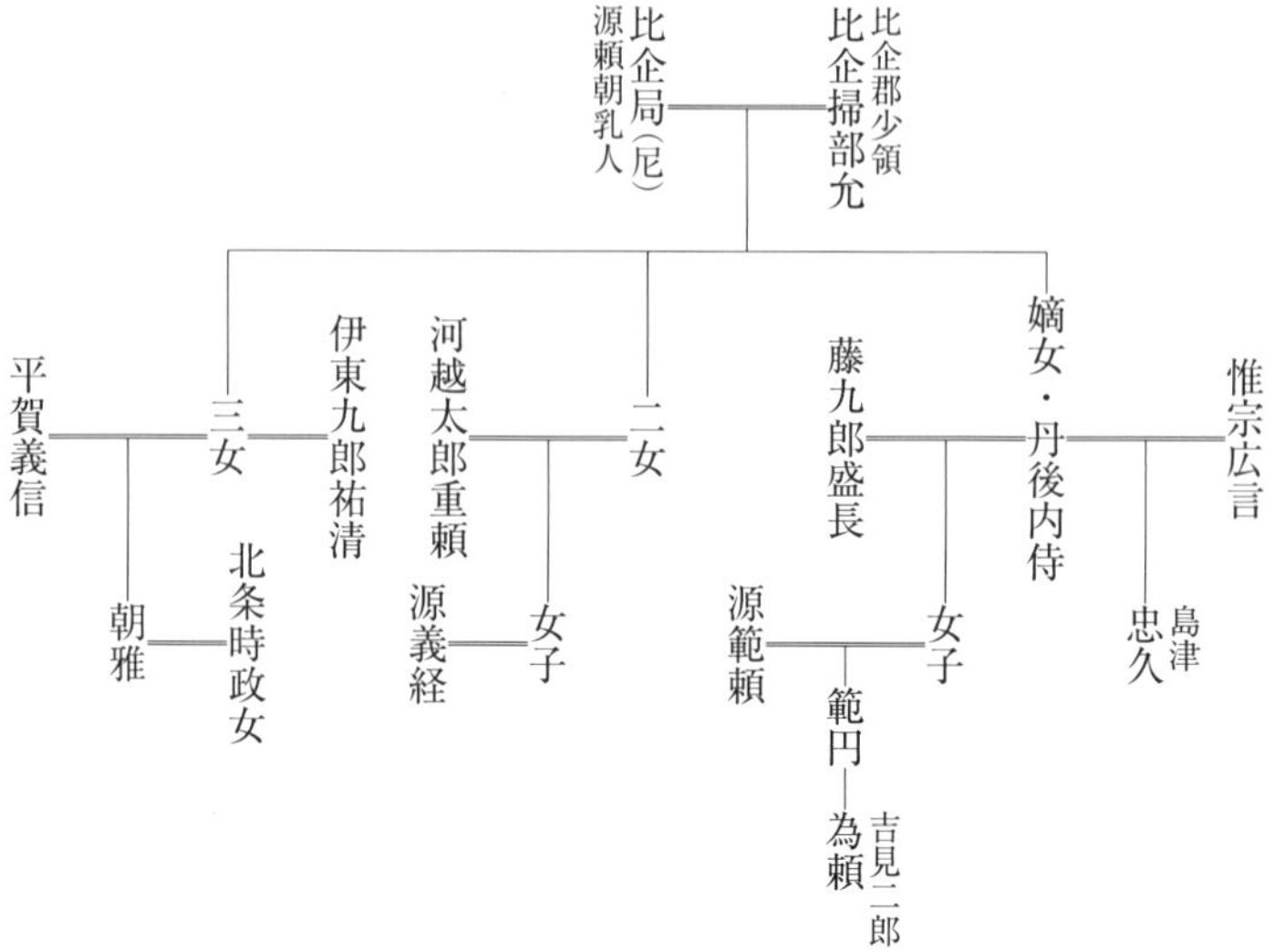

忠久は、実名に「忠」字を共有し摂関家下家司《しもけいし》を世襲する惟宗氏の出身。彼の父は右兵衛尉《うひょうえのじょう》・右衛門尉《うえもんのじょう》の官歴を有する忠《ただ》康《やす》という名の人物で、あまり目立たないながらも摂関家の侍として在京武士の一員であったようである。忠久も父と同様に、建久九年（一一九八）、左兵衛尉から左衛門尉に昇進したことが知られる。

忠久が鎌倉幕府の御家人になった理由を考えるうえで手がかりとなるのは、彼の母が源頼朝の乳母《めのと》であった比企尼《ひきのあま》の娘と伝えられていることである（『吉見《よしみ》系図』）。この所伝によると、忠久の母は比企尼の嫡女の丹後内侍《たんごのないし》であり、彼女が都で宮仕えしていたときに、歌人として名高い惟宗広言《ひろとき》と関係をもって生まれたのが忠久だという。おそらく、父の名については、後世になって無名の忠康に替わって、同じ惟宗姓の広言に仮託されたのであろう。あるいは、忠久は広言の養子（猶子《ゆうし》）になったのかも知れない。ちなみに、彼の母は、のちに鎌倉幕府の有力御家人となる安達《あだち》氏の祖で頼朝の側近に仕えた藤《とう》九郎盛長《もりなが》の妻となっている。

鎌倉幕府成立の当初、頼朝はその縁故関係をフルに活用して京都から有能な吏僚や武士をスカウトしているが、忠久もその一員に加えることができよう。そして、彼が鎮西島津庄の惣地頭に抜擢されたのは、この地が摂関家領であったからに相違ない。忠久は摂関家の下家司でもあり、文化的能力も備わっていたとみられるからである。ちなみに、忠久は薩摩・大隅・日向三ヵ国の守護に任じられるが（のちに大隅・日向の守護職は失う）、同じ時期の九州の守護をみると、筑前・豊前・肥前は武藤氏（のちの少弐《しように》氏）、筑後・豊後は大友（中原）氏が、同様に複数国の守護を担当しており、しかも両氏ともに京都出身の御家人なのである。幕府の意図するところは明白であろう。

また、忠久が幕府から南九州支配の一翼を担わされた背景としては、大治三年（一一二八）に惟宗基言《もととき》（広言の父）が日向守、仁平三年（一一五三）に惟宗国憲《くにのり》が薩摩守、久寿元年（一一五四）に惟宗忠信《ただのぶ》が大隅守というように、惟宗氏の一族から南九州三ヵ国の国守が輩出していることも考慮されてよいであろう。いずれにしても、忠久は幕府と摂関家の権力を背景にして島津庄の支配者となり、薩摩・大隅・日向にまたがるその庄名をもって家名とするに至ったのである。

東国武士の南九州移住

しかし、忠久の活動の場はあくまでも鎌倉と京都におかれていた。彼は、安貞元年（一二二七）四月十六日、将軍の病平癒のために鬼気祭《ききさい》を沙汰したことに示されるように、陰陽道《おんようどう》関係の所役に多く従事するなど、鎌倉において「都の武者」としての特性を発揮する一方、鎌倉御家人としての立場を保ちながら検非違使《けびいし》の宣旨を蒙って賀茂祭《かものまつり》（現在の祇園祭）の祭主をつとめるなど、在京活動も怠らなかった。やはり、中世前期の武士にとって主な活動の場は、政権の所在地である京都と鎌倉にあったのである。

そうした忠久に代わって鎮西島津庄に下向し、その在地支配にあたったのは、東国で編成した彼の被官たちであった。今日でも鹿児島県域に多くの子孫が在住する酒匂《さこう》・本田・猿渡《さわたり》・鎌田・東条氏らがそれである。このうち、酒匂氏は鎌倉時代後半より守護代として確実な史料に名をみせており、本田氏も宝治二年（一二四八）、薩摩郡宮里郷《みやざと》（現在の鹿児島県薩摩川内市宮里町）地頭代本田五郎兵衛尉が史料にみえる。

酒匂氏は、源頼朝の股肱《ここう》の臣として侍所《さむらいどころ》の所司《しょし》・別当《べっとう》に任じた梶原景時《かじわらかげとき》の弟、刑部《ぎょうぶの》丞《じょう》朝景《ともかげ》の子孫である。梶原氏は相模国鎌倉郡梶原郷（現在の鎌倉市梶原）を本拠とし、景時・朝景はともに京都の有力貴族である徳大寺《とくだいじ》家に祗候《しこう》して高い教養を身につけた武士であった。朝景は正治元年（一一九九）兄景時が御家人たちの弾劾をうけて討たれたのち、北条時政《ときまさ》のもとに降人として出頭したが、建保元年（一二一三）の和田義盛《わだよしもり》の乱で和田方に属して討死した、鎌倉幕府草創期の権力闘争に敗れた御家人である。このような存在の多くは有力御家人の被官となることで、武士としての命脈を保つことになるのだが、朝景の子孫（酒匂氏）も同様にして島津氏に従属したのであろう。幕府成立以前から徳大寺家に祗候していた梶原氏の性格からみて、その子孫である酒匂氏が、島津氏に仕え、その代官として摂関家を本所とする島津庄の支配に就くという事情は容易に首肯されるところである。

本田氏は武蔵国の有力御家人畠山重忠《しげただ》の郎従本田次郎近常《ちかつね》の子孫である。島津忠久の妻室が畠山重忠の女（母は本田近常女）であったという伝承もあるのだが、忠久の方が重忠よりも年長と想定されることなどから、これには直ちにしたがい難い。しかし、源頼朝の畠山重忠宛の御教書が『薩藩旧記雑録』に収められていたり、文暦二年（一二三五）閏六月二十九日付の「北条泰時《やすとき》書状案」（島津家文書）に、「はたけやま殿なんとにも、御ゆかり候へハ」とあること、さらに、元寇の際、「畠山覚阿弥陀仏《かくあみだぶつ》」なる人物が島津久長《ひさなが》の甥式部《しきぶ》三郎に属していたことが『蒙古襲来絵詞《もうこしゅうらいえことば》』にみえるという事実などから、元久二年（一二〇五）の畠山重忠滅亡後、重忠となんらかの深い関係を有していた忠久が、その一族・郎等を自己の所領支配の要員として採用した可能性は高い。

島津忠久は、縁戚である比企能員《よしかず》が守護をつとめた信濃国に所在する塩田庄《しおたのしょう》（現在の長野県上田市塩田地区）地頭職など、東国にも所領を与えられており、京侍から鎌倉御家人として成長していく過程で、酒匂氏などのように幕府成立期の権力闘争に敗れた多くの東国武士を、その家人・郎等として編成していったのである。彼らは島津氏武士団の中核を占めるようになり、東国の論理をもって島津庄の支配にあたったのであろう。

先に述べたように、島津庄内の五つの郡には千葉氏が郡司職を得ていたが、この千葉氏（常胤の孫常秀系）は、宝治合戦（一二四七年）で滅亡し、代わりに相模の渋谷氏や武蔵の小川氏が入部している。また、日向には伊豆を本貫とする伊東氏が西遷を遂げ、島津氏と同様に、近世に至るまで大名として存続することになる。

武士の列島展開と京都

京都七条町の成立と殿賑

武士を支えた都市の生産と流通

中世成立期の武士は、その戦闘者としての職能を発動するために優秀な武器・武具、それに駿馬《しゅんめ》や兵船を備える必要があった。したがって、生産・流通、そして都市の機能に依存しなければ存立をはかれず、また、国家・王権を守護することによって、その身分の保証がなされるため、父子・兄弟での分業という形をとりながら、長期間の在京活動を行う必要があった。そして、その過程で中央の文化を享受するとともに、お互いに地域を越えたネットワークを構築したのである。治承・寿永の内乱に際して東国の武士が遠く鎮西《ちんぜい》まで進攻して軍政を敷くことができたのは、そのような前提があったからこそであり、そのうえに鎌倉幕府による全国支配の実現が達成されたといえるのである。

したがって、列島各地方に蟠踞《ばんきょ》する有力武士の本拠地の周辺には京都の文物がもたらされ、彼らは権力の表象として京都風の邸宅・寺院・庭園をその本拠の空間に営んだのである。平泉がその典型であることは言を俟たない。

本章では、平泉をはじめとする列島各地域に、どのようにして京都文化が伝播・導入されたのか、武器・武具と関わりの深い金属製品の生産・流通を中心にみてみよう。

当時、金属製品を中心にして、京都における生産と流通の拠点となっていたのが七条《しちじょう》町《まち》であった。ちょうど、現在のＪＲ京都駅北側の一帯がその遺址にあたるのだが、ここではまず、その成立について略述しておきたい。

河内源氏の六条亭

「七条町」とは、「三条高倉《さんじょうたかくら》」とか「高辻京極《たかつじきょうごく》」と同じような平安京における地点呼称で、町尻小路《まちじりこうじ》（現在の新町通《しんまちどおり》）と七条大路（現在の七条通）の交差点をさす。しかし、既にこの呼称は「三条町」「四条町」と同様に、その周辺を含む町屋商工業区として概念化されている。ちなみに、平安京では七条大路と八条大路の間の東西の空間が八条と呼ばれるので、七条町といっても八条（左京八条）の空間にも含まれることになる。

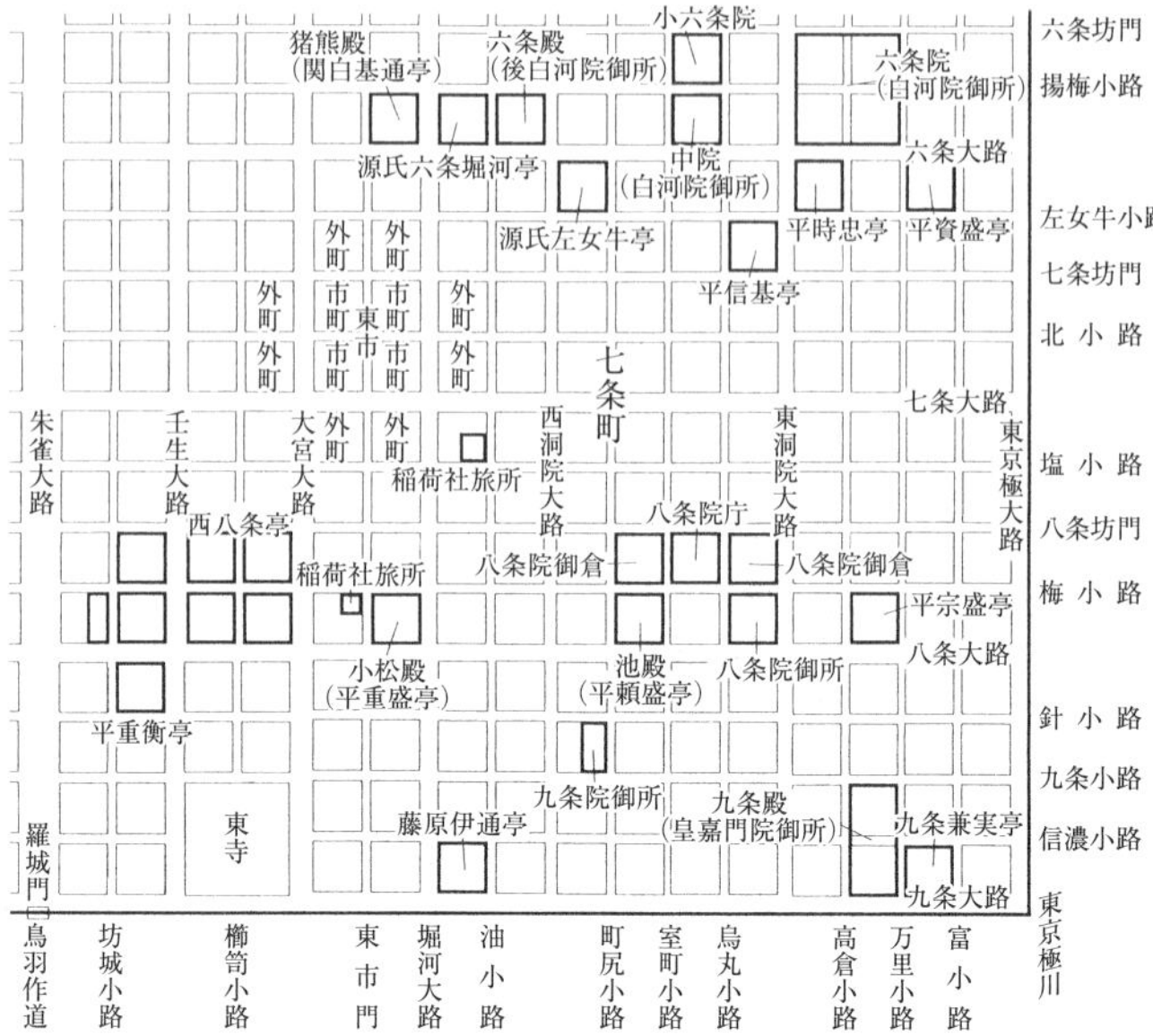

図25　12世紀の七条町周辺（古代学協会・古代学研究所編『平安京提要』角川書店，1994年より作成）

平安京が造営されたとき、左京七条二坊には官設市場である「東市」が設置された。『延喜《えんぎ》式《しき》』巻四二によると、東市の専売品には太刀・弓・箭《や》・鐙《あぶみ》などの武具・馬具や金属加工品があったが、平安中期以降、東市周辺にはこれら金属製品の生産者が集住するようになり、彼らが私的に品物を売る町屋を営んだことが七条町成立の背景として想定される。

　七条町が急速に活況を呈するようになるのは十一世紀後半頃からのことだが、その背景となったのは、周辺に院御所や有力な貴族たちの邸宅が続々と構えられたことである。まず、白河院の御所として中院《なかのいん》・六条殿《ろくじようどの》がおかれ、その周辺には院近臣のみならず河内源氏・摂津源氏など、武士の亭も構えられた。河内源氏の亭として知られるのは義家《よしいえ》の六条佐女《さめ》牛《うし》亭や為義《ためよし》の六条堀河《ほりかわ》亭であるが、その周辺には首藤《すどう》氏など河内源氏に仕えた郎等《ろうとう》たちも居住していたらしい。彼ら武士たちにとって、この空間は、院御所の警固という職務上の要請とともに、武器・武具の供給の利便があったのであろう。

平家の六波羅・西八条亭

十二世紀後半に王家領を集積して日本最大の荘園領主となった八条院暲《あき》子《こ》内親王（鳥羽《とば》皇女）が、八条三坊に御所・院庁《いんのちょう》・御倉町《みくらまち》をおいたことは、七条町のにぎわいを決定的なものとした。さらに、七条大路を東に鴨川を越えたところ、現在の京都国立博物館から大谷中・高校に及ぶエリアには後白河院（八条院の異母兄）の院御所法住寺殿《ほうじゆうじどの》が白河・鳥羽に匹敵する規模で造営され、また、西の八条一坊には平家の西八条亭が壮大華麗に営まれた。現在の梅小路《うめこうじ》公園がその遺址にあたる。また、法住寺殿の北に隣接する平家の本拠地六波羅《ろくはら》も七条町で生産された武器や経済活動に大きく依存したはずである。

当時、すぐれた技術をもつ手工業者は、下級の官人としての地位を占めるとともに有力権門の家産機構に従属するという存在形態をとっていた。摂関家の邸宅や院御所には倉庫・宿舎・台所を兼ねる御倉町《みくらまち》が付設されたが、ここには細工所《さいくしょ》がおかれて冠師《かんむりし》・絵仏師・鋳物師《いもじ》・塗師《ぬし》らが所属し、御倉町は美術工芸品の製作と保管、その原料の保管を担っていたのである。彼らは、今日美術的にも高く評価されている大鎧や馬鞍のような武器・武具の製作にも関与したことであろう。十二世紀の後半、七条町は八条院・後白河院・平家などの有力権門に祗候《しこう》するすぐれた手工業者の集住する空間として、さらなる発展を遂げたのであった。

金属製品の生産

かくして、七条町では多様な生産活動が営まれたものと思われるが、文献史料と考古学的調査の成果をふまえて、もっとも活況を呈し、かつ特徴的な存在として認められるのは金属加工に関わる業種である。十一世紀後半の学者藤原明衡《ふじわらのあきひら》（九八九―一〇六六）によって著された『新猿楽記《しんさるがくき》』には、七条町に居住する、このような人物が登場する。

則ち右馬寮《うまりょう》の史生《ししょう》、七条以南の保長《ほうのおさ》なり。姓は金集《かなつめ》、名は百成《ももなり》、鍛冶・鋳物師、幷に銀《しろがね》金《こがね》の細工なり。一佩《ひとふり》・小刀・太刀・伏突《よこはき》・鉾・剣・髪剃・矢尻、鍔《やきは》は寒の氷のごとし。（中略）或は鐙・銜《くつわ》・鎰《かぎ》・鋸《のこぎり》（中略）金物等〈已上造物〉、或は鍋・

鑵《かなえ》・釜（中略）香炉・独鈷《とっこ》・三鈷《さんこ》・五鈷《ごこ》・鈴・大鐘・金鼓《こんく》等〈已上鋳物〉の上手なり

ここに登場する金集百成は、もちろん架空の人物であるが、当時の七条町が、このような下級官人・地域行政の担い手を兼ねた金属加工業者が活躍するにふさわしい空間であったことを物語るものである。そして、七条町の遺址にあたる現在のJR京都駅北側周辺で行われた発掘調査では、この記述を裏付ける遺構・遺物がいくつも検出されている。

前近代の金属工芸に関する研究で知られる久保智康氏は、七条町には、金・銀・銅・鉄と素材を問わず、鋳造・鍛造・彫金に鍍金（メッキ）までの金工技術を備えた高度かつ集約的な協業システムをもった工房群が存在したと想定されることや、鋳造・鍛冶・鍍金などの金工工人が高密度な協業を行っていた点において中世ヨーロッパの手工業ギルドと類似することを指摘している。そして、ここでの生産品が「京都ブランド」として、全国に流通したというのである。

ところで、『中右記《ちゅうゆうき》』寛治六年（一〇九二）九月十三日条には、当時、大陸のモンゴル草原に栄華を誇っていた契丹《きったん》国に赴いて兵器を売却し、多くの宝貨を随身して帰朝した商人僧明範《みょうはん》が左衛門府《さえもんふ》で検非違使《けびいし》から勘問《かんもん》を受けたという記事がみえる。京都の武器商人が、海外への武器の輸出にも手を染めていたのである。寛治六年といえば『新猿楽記』が書かれてから三〇～四〇年後にあたり、いよいよ七条町が金属加工品の生産地として発展を遂げていた時代である。契丹に輸出された兵器も七条町で生産されたものであろう。

こうした武器生産に拍車をかけたのが、至近の六条堀河周辺に河内源氏が京都における拠点をおいたこと、さらにその後、平家が西八条に進出したことであろう。平家は武器の大量消費者であるということばかりではなく、もともと伊勢を本貫地としていたから、その特産品で、鍍金の必需品である水銀を供給する機能もはたしたと考えられる。

ちなみに、平家は平時忠《たいらのときただ》（清盛《きよもり》の妻時子《ときこ》の弟）など一門の関係者で検非違使別当《べっとう》の地位を独占することによって七条町の振興をはかり、そのために三条・四条は「あせたりける」有様になってしまったという（『寂蓮《じゃくれん》法師集』）。

地域間ネットワークの広がり

以上のように、七条町は広域流通を前提とした金属加工製品の集中生産を行う空間であったが、その広域流通の背景にあったのが、摂関家・院、および平家の政治権力に基づく列島規模のネットワークであった。

博多―京都―平泉

平安末期、奥羽《おうう》に君臨した平泉藤原氏が常に摂関家・院・平家と密接な関係を取り結んでいたことは周知のとおりである。九州南端に摂関家が領有する島津庄《しまづのしょう》からは南島産の夜光貝《やこうがい》が京都に貢上されたが、これは京都を経て平泉にもたらされて、金色堂《こんじきどう》をはじめとする寺院建築を荘厳する螺鈿《らでん》細工の材料となった。そして、前述したように仁安元年（一一六六）摂関家の当主基実《もとざね》が死去すると、その遺領の多くは基実の正室であった平清盛娘の盛子《もりこ》（白河殿）に伝領され、島津庄も実質的に平家の支配下に組み込まれることとなったのである。もちろん、平家は摂関家と平泉藤原氏との関係も継承する。

後白河院の御厩《みまや》には平泉の藤原秀衡《ひでひら》から貢上された多くの名馬が飼養されていたが、院の御厩の管理は長く平家の一門が担当していた。五味文彦氏は、摂関家や院の御厩舎人《とねり》が平泉との遠隔地取引を行う京の金商人としての側面をもっていたこと、また、摂関家や平家が大宰府を通して日宋貿易に介入しており、そのために奥州の砂金を獲得する必要があったことを指摘している。

『延慶本《えんぎょうぼん》平家物語』（第二本の二三）によれば、小松内大臣こと平重盛《しげもり》が宋国皇帝・阿育《あいく》王山《おうさん》への奥州産金献上をはかったとき、博多在住の宋人の船頭との交渉に当たったのは平家の有力家人平貞能《さだよし》であったが、貞能は院御厩の実務を預かる案主《あんじゅ》という役職をつとめていた。この話からは、平家の家産機構が平泉―京都―博多のネットワークのうえに機能していたこととともに、平家が国家守護を担う「武家」として、武装商人のような側面をもった院御厩舎人を統轄する立場にあったことがうかがえよう。

ちなみに、平泉の藤原秀衡は治承・寿永内乱勃発以前の嘉応二年（一一七〇）に従五位下鎮守府《ちんじゅふ》将軍に叙任されるという厚遇を受けているが、これは院・平家と秀衡との良好な関係、平泉藤原氏に対する院・平家の高い評価を端的に示す事実であろう。こうした情況を前提に、平泉には京都から後白河院の娘（「九条院の姫宮《ひめみや》」）や源義経をはじめ、様々な身分に属する人々が下向し、一種のアジールを形作ることとなったのである。

一方、保元・平治の乱を大きな画期として、地方武士の在京活動は一層顕著さを増し、下総の千葉胤頼《たねより》のように、東国武士の中にも滝口や女院《にょういん》の侍所《さむらいどころ》に祗候して五位の位を得るような者も現れるようになる。南九州においても、大隅国正八幡宮《しょうはちまんぐう》（現在の鹿児島神宮）の権執印《ごんのしゅういん》をつとめる桑幡《くわはた》（息長《おきなが》姓）清道《きよみち》が平家の西八条亭に出仕していたことは前に述べたとおりである。

浄土庭園は東国にも

以上の例に示されるような都《と》鄙《ひ》間の交流の活発化にともない、地方への京都文化の伝播もおびただしいものとなる。従来、十二世紀における地方への文化流入の問題は平泉ばかりに目が向けられてきたが、近年の中世考古学研究の進展によって、関東各地においても浄土庭園をともなう寺院遺構が発見されるなど、この時代の列島各地の文化状況に対する理解は再考をせまられている。たとえば、源頼朝挙兵以前の時代に、有力な在地勢力によって造営された浄土庭園をともなう寺院としては、常陸平氏の日向廃寺《ひゅうがはいじ》（現在の茨城県つくば市北条）、秩父平氏の平沢寺《へいたくじ》（現在の埼玉

図26　平沢寺の現況（埼玉県嵐山町）

県嵐山町平沢）、宇都宮（八田）氏の地蔵院（現在の栃木県益子町上大羽）などをあげることができる。

このうち、とりわけ注目されるのが日向廃寺である。東西三間・南北四間の堂に複廊部と単廊部からなる翼廊をもつ宇治平等院と同じ臨池《りんち》形式の阿弥陀堂《あみだどう》で、常陸平氏の嫡流で十二世紀後半に活躍した多気義幹《たけよしもと》がその居館付近に造営したものと考えられており、藤原秀衡が平泉館の近くに平等院を模して造立したことで知られる無量光院《むりようこういん》を彷彿とさせるものがある。

ここから三五㌔ほど西方に位置する古河市にも、当時の京都文化受容を示す遺物が伝存している。関戸《せきど》の石造宝塔《せきぞうほうとう》と小堤円《こづつみえん》満寺《まんじ》の密教法具四点がそれである。

前者は「仁安四年」（一一六九）の紀年銘をもち、木造建造物を模したような精巧な造りや流麗さから芸術的な評価も高く、京都・奈良を本拠とする権門寺社付属の石工《いしく》集団が当地に赴いてつくったものと考えられている。後者は唐代につくられた大陸からの請来品である金銅五鈷鈴と金銅三鈷と国内でつくられた金銅独鈷杵《とっこしょ》と金銅五鈷杵で、四点の法具は一具として、この時代に当地にもたらされたものと想定されている。

十二世紀後半、この地は八条院領の下河辺庄《しもこうべ》に属していたから、その担い手は在地の領主で摂津源氏（源　頼政《みなもとのよりまさ》）の家人として京都と関係の深かった下河辺氏（行義《ゆきよし》―行平《ゆきひら》）であったとみてよい。

日向廃寺を造営した常陸平氏が平安中期の頃から、清原氏など奥羽の諸勢力と密接な関係を有していたことはよく知られている。また、下河辺庄には武蔵・下総から奥州に向かう奥大道《おくのたいどう》（鎌倉街道中道《なかつみち》）が貫通していた。確かに、平泉藤原氏は、陸奥で産出される砂金や北方との交易による莫大な財力をもって京都の文化を積極的に摂取したのであろう。しかし、そこに導入された文化の通過あるいは中継地点に伝播の痕跡がなにも残らないことは考えがたい。近年に至って、坂東《ばんどう》平野の各所で浄土庭園が発掘されたり、平安末からの美術的にもすぐれた遺物が確認されているのは、その疑問に対する回答といえるのではないだろうか。先述したように、この時代の東国武士は活発に在京活動を行っていたから、京都文化の伝播・享受も当然視されなければならなかったのである。従来の「東国を草深い辺境としながら、平泉の黄金文化を賞揚する」という事実認識は大きく相対化されなければならないだろう。

地方に赴いた京都の工匠たち

古河市の円満寺に伝えられた金銅独鈷杵と金銅五鈷杵が平安時代末期の作で、京都から招来されたものであるとすると、その製作地の第一候補はいうまでもなく七条町ということになるであろう。『新猿楽記』にも、この地で「香炉・独鈷・三鈷・五鈷・鈴・大鐘」など、寺院で用いる金属製品が生産されたことが記されていた。

久保智康氏によれば、十二世紀末頃、七条町の工人が平泉まで出掛けて技術指導をしていたことが想定されるという。平泉の志羅山《しらやま》遺跡から出土した「鉄鴛鴦文銅象嵌鏡轡《てつおしどりもんどうぞうがんかがみくつわ》」と京都市東山区の法住寺殿跡から出土した「鉄鶴文銅象嵌金銀鍍鏡轡《てつつるもんどうぞうがんきんぎんとかがみくつわ》」は、ともに十二世紀後半の作で、形式も文様表現の技法も極似する。しかし、技法において両者には相当のレベル差があるので、前者は平泉で製作された可能性がきわめて高く、平泉の金工工房では、京都七条町から招聘された工人が在地の工人に技術指導を行っていたことが考えられるというわけである。

当時、金工にとどまらず、高い技術水準をもつ京都の工人（工匠）たちは、思いのほか広い範囲にわたって活動していたことが知られる。久安五年（一一四九）五月、高野山《こうやさん》の大塔・金堂・灌《かん》頂院《じょういん》が落雷で焼失したが、その大塔造営を担当した大工は京都の工匠藤原国任《くにとう》であった。また、院御所法住寺殿内に営まれた御願寺《ごがんじ》蓮《れん》華王院《げおういん》の五重塔の大工をつとめた工匠清原貞時《きよはらのさだとき》は、大和・摂津で長期間活動し

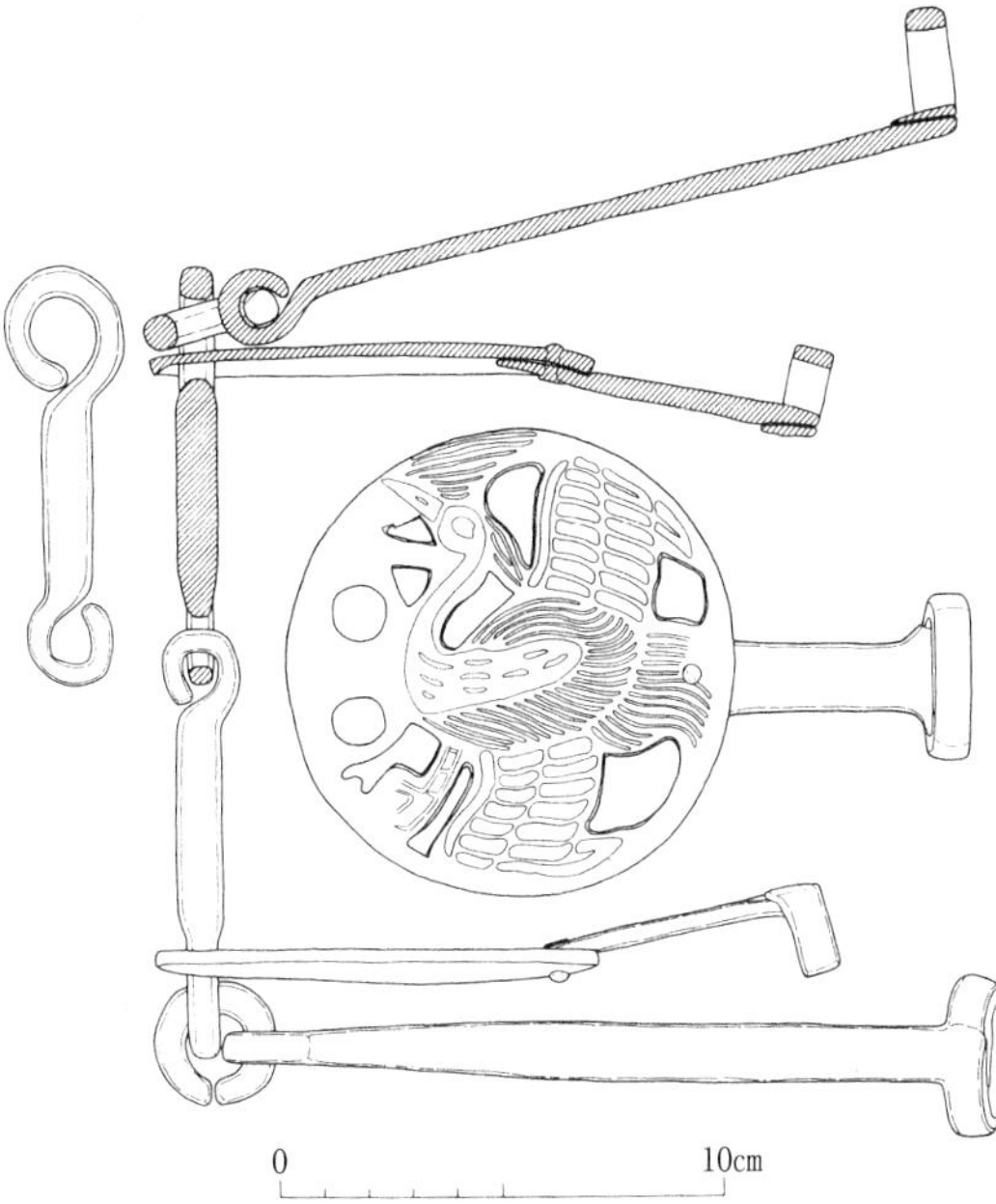

図27　法住寺殿跡武将墓から出土した轡の復元図（寺島孝一・片岡肇編『法住寺殿跡』古代学協会, 1984年より）

た形跡があり、仁治元年（一二四〇）に土佐国の小村《おむら》神社の社殿造営が「国修理」の形で行われたときには、京都の大工藤原国久《くにひさ》が現地に出向いている。平泉で中尊寺《ちゅうそんじ》や毛越《もうつう》寺《じ》・無量光院などが建てられた際にも、京都の工匠が関与したことは間違いあるまい。

院・摂関家の都市と七条町

二〇〇二年、宮城県仙台市中野高柳《なかのたかやなぎ》遺跡で鳥文《とりもん》を銅象嵌した鏡轡の残欠が出土した。復元寸法や技法などは志羅山遺跡から出土した鏡轡に似ており、遺跡の位置は当時陸奥国府のおかれていた多賀城《たがじょう》跡（多賀城市）に近い。先にみたように、平泉藤原氏は摂関家や院と常に深い関係をもっていた。摂関家や院は、その家司《けいし》や近臣をしばしば陸奥守に任じて陸奥における利権を確保していた。その意味において、陸奥国府は、摂関家や院の私的な出先機関としての役割を担っていたことになろう。

いうまでもなく、国府跡の付近から出土した鏡轡残欠は、技術伝播の側面における京都と平泉の関係を考えるうえで重要な意味をもつものであるが、これと同時期の作で、志羅山遺跡から出土した鏡轡などと同じ象嵌表現手法をとった作品がある。院政期摂関家の本拠の都市ともいうべき宇治の北方にあたる木幡《こはた》の地に鎮座する許波多《こはた》神社に伝えられた「鉄宝相華孔雀文銅象嵌半舌鐙《てつほうそうげくじゃくもんどうぞうがんはんぜつあぶみ》」がそれで、摂関家の関係者によって調進された神具の一部と考えられている。

鐙が七条町で製作されていたことは、『吾妻鏡《あずまかがみ》』文治二年（一一八六）二月二十五日条に、「七条細工」が京都守護北条時政《ほうじょうときまさ》の下知によって鐙を押収されたとあることから知ることができる。この七条細工は名を紀太守貞《きたもりさだ》といい、院の近臣藤原範季《のりすえ》を領家とする蓮華王院領紀伊国由良《ゆら》庄（現在の和歌山県日高郡由良町）の荘務を侵害するなど、地方で武士のような行動を展開していたことが知られる人物である（同年八月二十六日条）。蓮華王院は後白河院の院御所法住寺殿内に営まれた御願寺で、藤原範季は院の近臣であったから、守貞は院細工所に所属していたのかもしれない。

ちなみに、藤原範季は院近臣であるとともに摂関家の一流である九条家の家司でもあり、妻には平教盛《のりもり》（清盛の弟）の娘を迎えていた。彼は安元二年（一一七六）正月、後白河院の分国であった陸奥の国守に任じ、同三月、さらに鎮守府将軍に兼補されて、翌月任国に下向している。まさに院・摂関家・平家と平泉藤原氏を仲介するようなポジションを担当した貴族といえるのである。

ところで、平泉藤原氏が摂関家・院・平家との関係をその地域権力としてのバックボーンとし、中央の文化を積極的に摂取していたとするならば、その政権の所在した平泉の都市構造に、中央権門の本拠、すなわち摂関家の宇治、院の白河・鳥羽・法住寺殿、平家の六波羅がモデルプランとして大きな影響を与えたであろうことは、既に多くの研究者の指摘するところである。特に平家と平泉藤原氏はともに武門であったから、その居住空間には武家権力として共通する要素が認められる。宇治も源為義（頼朝の祖父）や平忠正《ただまさ》（清盛の叔父）ら摂関家に仕える有力武士が宿所を構えており、その都市構造は軍事的機能を前提にするものであった。

平等院阿弥陀堂（鳳凰堂《ほうおうどう》）の瓦が摂関家領河内国玉櫛《たまぐし》庄（現在の東大阪市周辺）で生産されたものであることが示すように、宇治は摂関家が自前の力で整備した都市といえる。しかし、列島各地に展開する摂関家領荘園から貢上される物資の備蓄・流通や高度な技術を要する武器・武具や威信財の生産は、やはり京都七条町に負ったと考えるべきであろう。

七条町の主産業は金属製品の生産であるが、それは武器・馬具・仏具・鏡など多様であり、その完成には金属加工以外の様々な業種との密度の高い協業が必要であった。したがって、七条町は手工業生産におけるコンビナートとしての空間を構成しており、そこに活動する工匠たちは、摂関家・院などの工房に所属して列島各地に及ぶ広域流通を前提とした集中生産に携わり、時には平泉など遠隔地に赴いて技術伝播にも貢献したのであった。

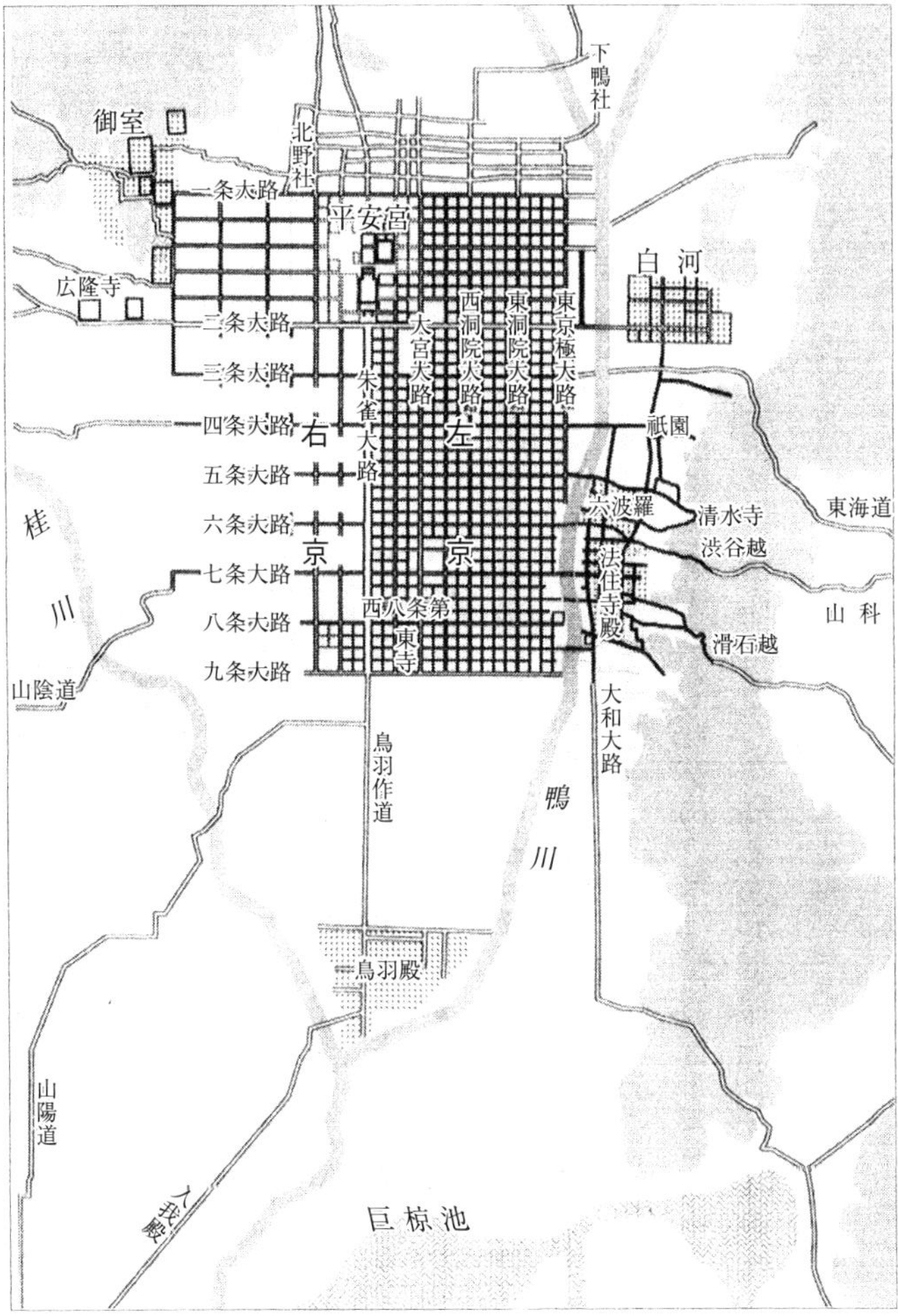

図28　12世紀の京都（山田邦和『京都都市史の研究』吉川弘文館，2009年より）

従来、平泉については、白河・鳥羽・法住寺殿・宇治などと都市としての空間構造や、そこに営まれた建築や庭園の比較が論じられてきたが、さらにそこで用いられた武器や生活用品に至るまで、こうした京郊権門都市と同様に、その消費を支えた七条町に依存するところ大なるものがあったことが明らかになったと思う。

奥羽の地に君臨せんとする平泉藤原氏にとって、京都の高度な技術によって装飾された威信財は必要欠くべからざるものであり、そのために、京都で生産された製品が持ち込まれただけでなく、平泉に七条町の工匠たちが招かれることもあった。そして、その交易活動や技術指導に携わった商人や工人たちは摂関家や院などの家産機構（御厩・細工所など）に従属する人々であった。この時代、流通・情報の結節機能において、地方社会は思いのほか、中央の政治権力に規定されていたのである。

十二世紀の地方武士と京都

前述のように、大隅国の蒲生《かもう》八幡神社には院政期から室町時代に至るまで京都製の鏡が奉納され続けてきた。このことは在地武士の蒲生氏（薩摩平氏の一族）が長く京都との流通ルートを保ち続けていたことを物語る。坂東でも、常陸平氏によって筑波山の麓に宇治の平等院阿弥陀堂のような翼廊をもつ仏堂が建てられたし、武蔵の秩父平氏も浄土庭園をもつ寺院を建立している。おそらく、房総や相模の有力武士たちも豪壮な寺院を建立し、寝殿造をベースにした亭で日常を送っていたのであろう。京都との間に文化交流の太いパイプをもっていたのは平泉の藤原氏に限るのものではなかったのである。そのような認識を前提に各地で考古学的な調査がすすめられれば、当該時代における地方武士に対する固定的な理解を揺さぶるような遺構や遺物が検出されるのではないだろうか。

院・平家政権期の京都には、権門貴族や寺社に祗候するために列島各地から武士が集まり、彼らは傍輩《ほうばい》（同僚）としての立場から広域的な人脈を結んでいった。私はこれを「一所《いっしょ》傍輩のネットワーク」と呼んでいる。武士とはその職能を貫徹するために流通・生産に依存しなければならず、またその武力行使という（必要悪としての）職能の正当性は国家・首都の守護と引き替えに王権によって裏付けられなければならなかった。だから「在京活動」は彼らにとって「武士」としての存在証明を得るための必須の営為だったのである。保元・平治の乱を経て「武家の棟梁《とうりょう》」が出現し、地方武士の利害が直接中央の政治の場に持ち込まれるようになると、いよいよ彼らの活動はその領域を広げ、京都を介した列島各地の交流が促進されることとなる。いわゆる源平争乱の時代は、そのような社会・文化状況を踏まえなければ理解することはできないのである。

グローバリズムの時代を生きた武士たち――エピローグ

たとえば、北条時政の評価

武士は封建制社会の立役者で、封建社会というのは自給自足が原則である。武士も農業生産に基礎をおく存在で、土とともに生きた。その一族や郎等《ろうとう》たちも農民からの年貢を経済基盤にしていて、彼らは同じ神を祭り、一旦緩急あれば、その司祭者でもある一族の棟梁《とうりょう》のもとに結集して武士団を結成する。二〇世紀後半の高校で真面目に日本史を学んだ人のもつ、源頼朝が挙兵した頃の地方武士団のイメージというのは、このようなものであろう。

学問的にいえば、地方の武士は「在地領主」であるという理解である。これは正しいけれども、武士をあまりに土地に縛りつけた見方といえる。源頼朝が挙兵したときにどれだ

図29　伊豆北条の景観（静岡県伊豆の国市）

けの武士を率いてきたから、これこれの武士団は大きいとか小さいとか、名字として名乗っている荘園の規模から、その武士の勢力を論じたりする発想は、そのような見方を前提としたものである。

しかし、反乱を起こした武士の動員兵力が平時より少なくなるのは当然だろうし、名字の地（本領）の面積で、その武士のもつ権力あるいは政治的地位を推し量るのは絶対的な方法ではあるまい。

具体的にいえば、源頼朝の挙兵を支えた伊豆の北条時政《ほうじようときまさ》の評価がそれである。本領である伊豆北条の地は狭小で、頼朝を擁して挙兵したときの武力もせいぜい数十。だから、相模の三浦氏や下総の千葉氏など

図30　新羅三郎と呼ばれた源義光の墓（滋賀県大津市）

とは比べようもないちっぽけな武士団を率いる人物に過ぎないというわけである。この見方は戦後の歴史学者の間では常識に属するもので、そのためか、二〇一二年のNHK大河ドラマに登場した北条時政も大根の入った籠を抱えたりして、江戸時代の庄屋さんのような風情であった。NHK大河ドラマは、今や学校教育の場で日本史を学ぶ機会を狭められている国民にとって、その知識を涵養する教科書的な機能を担っているので、こうした時政観はさらに再生産されていくのであろう。

北条時政については、近年、様々な側面から、その存在形態について考古学・文献学の両面から基礎的な事実が次々と解明されてきている。彼の本拠とした北条の地（現在の静岡県伊豆の国市韮山《にらやま》）は、狩野《かの》川水運と伊豆半島を縦貫する陸路の結節するところで、まさに伊豆国の喉元を押さえるような場所である。現在の三島市にあった国衙《こくが》に近く、その在庁官人の地位にあった北条氏はまさしく伊豆国の政治・経済を管しうる条件をもつ存在であった。時政の先祖は武門の桓武平氏の族長で、平忠常《たいらのただつね》の乱の際に追討使に任じた平直方《なおかた》であり、彼の娘は源義家《よしいえ》や義光《よしみつ》の母となった。時政の娘政子《まさこ》は、その再来として東国の武士たちの間に理解されたのであろう。時政は、そのことを標榜したに相違ないが、しかし、彼の男系の祖父は都下りの人物であったらしい。その名は時家《ときいえ》。伊勢平氏一族の京武者であった時家は、おそらく伊豆の目代《もくだい》や国内の荘園の沙汰人《さたにん》として下向したことを契機に、北条家に婿入りしたのであろう。時家の娘は大和源氏の源頼安《よりやす》の妻となり、摂関家の武力を構成した興福寺《こうふくじ》の悪僧信実《しんじつ》を産んでいるから、時家は伊豆に下ってからも京都や畿内との関係を保ち続けていたことがわかる。これらのことを前提にすると、これまで時政について謎とされていたことが、すっきりと説明できるのである。

時政が頼朝挙兵以前から、後妻として平家に縁の連なる中央貴族の娘を迎えたこと、源義経退京後の京都守護に任じて、畿内近国の軍政を担いえたこと、並み居る有力御家人をしたがえて鎌倉殿の執権別当《しっけんべっとう》という地位を確立しえたことなどなど。

武士は文字も書けないのか

従来、鎌倉幕府成立の担い手は平将門《まさかど》の乱以来、古代国家・腐敗した貴族社会にたいする怒りを蓄積してきた東国の在地に根ざした健全素朴な新興武士階級であるという認識が一般であった。しかし、鎌倉幕府の草創に携わり、その発展を支えた人の多くは、十世紀以来、東国に基盤をもつ存在というよりも、せいぜい十二世紀以後に畿内近国から下向したり、在地勢力とはいっても日常的に京都と深い関係を有する存在たちであったことが、近年の研究で明らかにされつつある。

そもそも、頼朝挙兵の段階で、彼の周囲にいたのは、北条氏のほか、平治の乱のあとに東国に逃げ下った近江を本国とする佐々木氏、伊勢を本拠とする加藤氏、あるいは、平家の方針に反抗して流罪になった筑前住吉社《ちくぜんすみよししゃ》の神官佐伯《さえき》氏、そして、もと南都興福寺の悪僧だった土佐房昌俊《とさのぼうしょうしゅん》や藤《とう》九郎盛長《もりなが》をはじめとする頼朝の乳母《めのと》の関係者たちであり、幕府成立後に、その運営を取り仕切ったのも大江（中原）広元《ひろもと》・三善康信《みよしのやすのぶ》・二階堂《にかいどう》（藤原）行政《ゆきまさ》ら京下りの吏僚たちであった。また、彼らの活動の場となった鎌倉殿の御所は、京都の権門貴族の亭と同様に、中門廊で仕切られた身分秩序が厳然と機能していたのである。

しかし、そんなことを申し上げると、「幕府の真骨頂は武権政権たるところにある。だ

図31　源頼朝の時代の将軍御所（大蔵幕府）跡（神奈川県鎌倉市）

としたら、勇ましい東国武士の存在こそが幕府の本質なのではないのか」という疑問が呈せられるであろう。それは、そのとおりなのだが、従来の認識では、「勇ましい」ことと文化的であることを二極対立させていたこと。それが問題なのである。

現代でも、われわれ日本人は、人の評価を文系と理系、あるいは文化系と体育会系とにことさらに分類したがる傾向がある。オリンピックに出るようなスポーツ選手は、常に練習に励んで記録更新を目指さなければならないと考えていて、欧米のマラソンランナーが、日頃はお医者さんとして活躍しているなどという話を聞いて仰天したりするのである。

しかし、人類社会の歴史を考えた場合、これはどう考えても欧米のあり方の方が普遍的であろう。したがって、中世の武士も武芸だけに勤しんでいたわけではない。武力の行使を正当化するための身分を得るには王権守護の任に就かなければならない。そのためには儀礼の作法や有職故実《ゆうそくこじつ》に精通する必要がある。在地に領主として臨むためには文筆能力や宗教的な権威を負わなければならない。有力な武士は一族を統合するためにも国衙の在庁官人や荘園の下司《げし》の地位を占めたから行政能力も求められた。

一部の研究者の中にも、いまだにこの時代の武士は文字も知らなかったというような発言をされる方があるので、ここで説明を加えておこう。

中世前期の武士の手になる文書には仮名書きのものが多いので、彼らはよくても仮名しか書けないといわれることがある。確かに武士が仮名を用いた例は「譲状《ゆずりじょう》」（財産の配分を伝える遺言書）などに多くみられるが、その理由は仮名が書き手の本心を表白する文字と意識されたためであろうと考えられている。また、北条泰時《やすとき》が『関東御成敗式目《かんとうごせいばいしきもく》』（貞永式目《じょうえいしきもく》）を定めるにあたって、真字《まな》（漢字）を知る貴族には律令格式があるが、自分たち武士は無教養だから「只かなをしれる」者のために、これをつくったのだといったのも有名な話である。しかし、これは泰時の謙遜であって、現存する『貞永式目』は漢字書きである。当時の史料には、武士が自らを無教養な「文盲」と記すなどといった事例もみられるが、これらは上級貴族を意識した自己卑下の言辞であって、今のわれわれがそのまま字義どおりに受け取ってはならないものなのである。

一所傍輩のネットワーク

源頼朝の挙兵に応じて、その武力的基盤となった上総・千葉・三浦・小山氏などの有力御家人は、みな諸国の有力在庁であり、彼らの一族は在京活動を行っていたのである。彼らの頼朝への呼応は、単に在地の問題によるだけではなく、やはり中央の政情に対応したものであったと考えるべきであろう。

上洛した地方武士たちは、権門貴族の家政機関や院・内裏《だいり》に出仕して活動したが、その過程で、多くの同輩に出会うこととなる。ちょうど、東京や京都の大学で各地から集まった学生たちが一生涯のつきあいを続けるようになるように、当時の武士たちも「一所傍輩《いっしょほうばい》の好《よしみ》（誼）」を結んだのである。また、そこで各地の情報を得たことであろう。

源頼朝の派遣した軍勢が、南九州に至る各地に進攻し、そこで軍政を敷き、ついには見ず知らずの土地に守護や地頭となって入り込むことが可能であった背景は、このようなところに求められるのではなかろうか。つまり、「一所傍輩のネットワーク」が機能したということである。特に鎮西《ちんぜい》でみられる、惣地頭《そうじとう》と小地頭《こじとう》の関係（鎌倉方に帰降した現地の武士が小地頭となり、その上に東国武士が惣地頭として進出する）は、このことをよく反映しているのではないかと思われるのである。

九〜十世紀の頃、治安の乱れや外圧に対処するために、東国や鎮西に中央から多くの軍事貴族が下っていき、在地の勢力と血の交流を図りながら留住・土着していった。鎌倉幕府の成立は、その第二の波といえるのかも知れない。

もっとも、この間にも受領《ずりよう》やその目代・郎等、あるいは荘園の沙汰人として各地に下向した都の武士が地方の豪族のもとに婿入りした例は枚挙にいとまがないほどであろう。逆に在京中に都人と縁を結ぶ地方武士も少なからず存在したはずである。従来の成立期の武士認識においては、こうした側面についての認識が甘かったのである。

中世の武士は、その成立の当初から日本列島を駆けめぐっていた。決して頑なに根を下ろしていたわけではなく、京都の貴族社会に反発するような志向をもっていたわけでもなかった。むしろ、文武の能力を兼ね備えた武士たちは、在京活動の中で列島各地の同輩との間でネットワークを築き上げ、各地の情報を得て果敢に活動の空間を広げていったのであろう。それが、爆発的に進行したのが治承・寿永の内乱だったのではないだろうか。

あとがき

この本の原稿は、一九九八年の春頃から構想を練り、何度も中断を重ねてようやく二〇一三年十月に脱稿。すぐに出版に回す予定だったが、諸般の事情によって頓挫してしまい、定年退職前の繁忙の中で、しばらく筐底《きょうてい》に眠らせていたものである。二〇一六年の夏、身辺が少し落ち着きを取り戻したとき、あるシリーズの企画会議で面識を得た吉川弘文館の石津輝真氏に原稿をお渡しして検討をいただいたところ、歴史文化ライブラリーでの刊行をお引き受け頂くことができた。出版に至るまでにそのような経緯がある。

ちなみに、最初に用意していた原稿の「あとがき」には、こんなことが書いてあった。消しがたいので、そのまま掲載させて頂く。

ちょうど四ヵ月前の六月五日に、千葉と京都で苦楽を共にしたペンという名の雌ネコが十七歳で死んだ。スタイルのよい白ネコだったが、さすがに死の直前はすっかりやせ衰えて、動くのも難儀な様子であった。いつもは孤高を保っていたのに、頻りにすり寄ってくる。そして、かつて自分が居場所にしていたところを見て回る。はじめ私は、彼女は自分の死を自覚して、飼い主との別れを惜しみ、記憶を確認しているのだと思った。しかし、死後のために記憶を確認するというのはおかしい。むしろ、自分の生きてきた証を確認していたというのが正しいように思う。家に帰ると当たり前のように存在していたこのネコがいなくなった中、この本はようやく完成に近づいた。この本の執筆は、まさに彼女の生きた期間を通じて行われたのである。

本書では南九州における武士の活動を多く取り上げたが、それを可能にしてくれたのは、一九八九年四月〜九四年三月、鹿児島経済大学（現、鹿児島国際大学）在職中に知遇を得た地元の方々の御厚情である。大学・学校関係や歴史系の博物館、それに自治体で地域史・文化財関係のお仕事に従事されている方たちからは沢山の御教示を頂いたが、とりわけラ・サール学園の永山修一氏には、しばしば島津庄に関連する史跡に御案内頂くなど大変お世話になった。また、私の鹿児島赴任の翌年に、その後「南からの日本史」の研究を領導されることになった柳原敏昭氏が東北大学から鹿児島大学に着任されたのも幸運であった。一九九三年夏、事務局を担当された柳原氏のもと、大水害直後の鹿児島で開かれた中世史サマーセミナーの開催に参画できたことは私の研究生活にとって大きな思い出となった。

二〇〇五年八月、京都女子大学宗教・文化研究所のゼミナール（京都女子大学のみならず広く関西圏の大学から集まった学生・院生らによって構成される）の活動の一環として鹿児島旅行を行った際には、川辺町の新地浩一郎氏、金峰町の宮下貴浩氏、隼人町の重久淳一氏、尚古集成館の松尾千歳氏、それに、私の大学院時代の同輩である鹿児島県歴史資料センター黎明館の徳永和喜氏らから懇切な御案内を頂いた（所属はすべて当時）。このとき、鹿児島市紫原の焼き鳥店に五味克夫先生をはじめ、鹿児島の中世史研究を担われている方たちが鹿児島大学の学生たちとともに挙って参会して下さったことも忘れがたい。

こうした「人のネットワーク」は、平安末も今も本質的なものは変わらないであろう。現に、東国人の私は、上横手雅敬先生をはじめ、元木泰雄氏や美川圭氏・山田邦和氏ら京都・関西圏で活躍する研究者の方たちに支えられて歴史学の世界に身を置いていられるのである。そしてまた、出身地の関東はもとより、九州や東北地方の研究者との交流が、研究生活において大きな財産・バックグラウンドになっている。

昨春、京都女子大学を定年退職したものの、所属していた研究所の客員研究員に補され、また名誉教授の称号も頂いた。これまで若手研究者の育成に少しはお役に立てたと自負している研究所のゼミナールも継続していけることになった。これからは地域のみならず世代の枠を超えたネットワークも構築していきたいと願っている。

本は著者一人で作り上げられるものではない。編集者の存在なくしては、陽の目を見ないものである。丹念に編集作業を進めて下さった吉川弘文館の大熊啓太氏にあつくお礼を申し上げて結びとしたい。

二〇一七年正月　愛猫ペンの冥福を祈りつつ

野　口　実

略年表

和暦	西暦	事項
寛平六	八九四	対馬守文室善友が新羅の賊を撃退する
承平五	九三五	平将門の乱が起こる
天慶四	九四一	藤原純友が降伏する
永観元	九八三	平維叙が肥前守になる
二	九八四	平致忠が大宰権少監になる
寛和元	九八五	藤原斉明が大江匡衡を襲撃する
永延二	九八八	藤原保輔が旧僕足羽忠信の経略によって捕らえられる
正暦三	九九二	藤原保昌が日向守になる
四	九九三	疱瘡が流行する
五	九九四	肥前守平維敏が没する
長徳元	九九五	平維将が肥前守になる
二	九九六	藤原伊周・隆家が左遷される
長保五	一〇〇三	平維良が下総国府館を焼く
寛弘二	一〇〇五	前大宰権帥平惟仲が府官で筥崎宮の神官の秦定重宅で没する
		藤原保昌が肥後守になる
四	一〇〇七	大宰府で大隅守菅野重忠が大蔵満高に殺される
九	一〇一二	平致行が大宰少弐になる

長和四	一〇一五	藤原蔵規が大宰少弐になる
寛仁元	一〇一七	前大宰少監清原致信が京都で殺害される
三	一〇一九	刀伊の入寇
		この頃、陸奥守に橘則光が在任
治安二	一〇二二	藤原蔵規が対馬守になる
三	一〇二三	藤原惟憲が大宰大弐になる
万寿三	一〇二六	大宰大監平季基が関白藤原頼通に日向国島津庄を寄進
四	一〇二七	藤原道長が没する
長元元	一〇二八	金峯山の僧が群参して大和守藤原保昌の暴政を訴える
二	一〇二九	大隅国の藤原良孝が色革などを右大臣藤原実資に進上
四	一〇三一	平季基が右大臣藤原実資に唐錦などを進上
五	一〇三二	平忠常を追討した功により、源頼信が美濃守となる
長暦元	一〇三七	藤原隆家が大宰権帥に再任される
長久元	一〇四〇	前肥後守藤原定任が京都で殺害される
永承六	一〇五一	源頼義が陸奥守になる
天喜四	一〇五六	前九年の合戦はじまる
康平三	一〇六〇	大宰帥藤原経輔の申請により、平兼重が大宰権少監になる
永保三	一〇八三	陸奥守兼鎮守府将軍源義家が赴任して清衡家衡を攻める
寛治二	一〇八八	肥後の阿蘇惟遠が相撲人として出仕する
六	一〇九二	契丹国での武器売却の容疑で僧明範が検非違使に勘問される

承徳二	一〇九八	源義家が院昇殿を許される
康和二	一一〇〇	大秦元平が相撲人の功により薩摩国牛屎郡司になる
天仁元	一一〇八	源義親を討った平正盛が京都に凱旋する
天永二	一一一一	肥後の阿蘇惟利が相撲人として出仕する
元永二	一一一九	平直澄が平正盛から追討を受ける
天治元	一一二四	藤原清衡が中尊寺を造営する
大治三	一一二八	惟宗基言が日向守になる
四	一一二九	大秦元定らが薩摩国衙から官物未済を訴えられる
五	一一三〇	千葉常重が下総国相馬の所領を伊勢神宮に寄進
長承元	一一三二	平忠盛が内昇殿をゆるされる
保延四	一一三八	阿多忠景が薩摩国阿多郡内の所領を観音寺に寄進
久安二	一一四六	千葉常胤が国衙に未進分の官物を納入する
五	一一四九	高野山の大塔・金堂などが落雷で焼失する
六	一一五〇	阿多忠景が下野権守の官を得る
仁平三	一一五三	惟宗国憲が薩摩守になる
久寿元	一一五四	惟宗忠信が大隅守になる
保元元	一一五六	保元の乱
三	一一五八	藤原基実が関白・氏長者となる
平治元	一一五九	平治の乱
永暦元	一一六〇	阿多忠景・頴娃忠永が薩摩で押妨をはたらく

長寛二	一一六四	藤原基実が摂関家領を継承
仁安元	一一六六	摂政藤原基実が没する
二	一一六七	平清盛が太政大臣となる
四	一一六九	関戸の宝塔が造立される（下総国下河辺庄）
嘉応二	一一七〇	平泉の藤原秀衡が従五位下鎮守府将軍に叙任される
承安四	一一七四	相撲節会が行われる（以後廃絶）
安元二	一一七六	藤原範季が陸奥守・鎮守府将軍となる
治承元	一一七七	鹿ヶ谷事件
四	一一八〇	源頼朝が伊豆で挙兵する
寿永二	一一八三	上総広常が鎌倉で誅殺される
元暦元	一一八四	源範頼が平家追討のために鎌倉を出発する
文治元	一一八五	平家一門が壇ノ浦合戦で敗れる
二	一一八六	小城重道が薩摩国牛屎郡の郡司・弁済使職を得る
三	一一八七	千葉常胤が洛中の狼藉を鎮めるために上洛する
五	一一八九	平泉藤原氏が源頼朝に滅ぼされる
建久元	一一九〇	源頼朝が上洛し、右近衛大将となる
三	一一九二	源頼朝が征夷大将軍となる
八	一一九七	薩摩国の図田帳に肥前国の武士塩田光澄の名がみえる
九	一一九八	惟宗（島津）忠久が左兵衛尉から左衛門尉に昇進する

参考文献（＊は特にベースにした部分のある拙論）

プロローグ

福田豊彦「王朝軍事機構と内乱」（同『中世成立期の軍制と内乱』吉川弘文館、一九九五年、初出一九七六年）
福田豊彦「内乱史における承平・天慶の乱」（同『中世成立期の軍制と内乱』吉川弘文館、一九九五年、初出一九九二年）
野口　実『武家の棟梁の条件―中世武士を見なおす―』（中央公論社、一九九四年）
野口　実「地頭―川合康氏の地頭論と社会史の視角から―」（『歴史と地理』第四九三号、一九九六年）
野口　実「源平藤橘の軍事貴族」（『本郷』第三八号、二〇〇二年）
野口　実「豪族的武士団の成立」（元木泰雄編『日本の時代史7　院政の展開と内乱』吉川弘文館、二〇〇二年）
野口　実「東の武士団、西の武士団―中世の武士の実像―」（阿蘇品保夫ほか『熊本歴史叢書3　中世乱世を駆けた武士たち』熊本日日新聞社、二〇〇三年）

京都下りの飽くなき収奪者

角田文衞「紫式部と藤原保昌―『浅からず頼めたる男』の問題―」（『古代文化』第一五巻第一号、一九六五年）

保立道久「古代末期の東国と留住貴族」（中世東国史研究会編『中世東国史の研究』東京大学出版会、一九八八年）
保立道久「律令制支配と都鄙交通」（『歴史学研究』第四六八号、一九七九年）
都城市史編さん委員会『都城市史 史料編 古代・中世』（二〇〇一年）
野口 実「南家黒麻呂流藤原氏の上総留住と「兵家」化」（『政治経済史学』第三六三号、一九九六年＊）
野口 実「日向守藤原保昌」（都城市史編さん委員会『都城市史 通史編 自然・原始・古代』第三編第四章第一節、一九九七年＊）
野口 実「源平藤橘の軍事貴族」（『本郷』第三八号、二〇〇二年＊）

大宰府の武者

小川弘和「摂関家領島津荘と〈辺境〉支配」（熊本学園大学論集『総合科学』第一三巻第二号、二〇〇七年）
桒畑光博「島津荘は無主の荒野に成立したのか」（『南九州文化』第一〇九号、二〇〇九年）
桒畑光博「島津荘の成立をめぐる諸問題」（『地方史研究』第五九巻第五号、二〇〇九年）
志方正和『九州古代中世史論集』（志方正和遺稿集刊行会、一九六七年）
竹内理三「「玉鬘」の巻の大宰大監と大宰少弐異聞」（同『古代から中世へ（上）―政治と文化―』吉川弘文館、一九七八年、初出一九六五年）
永山修一「平安時代前期の薩摩国・大隅国」（鹿児島県教育委員会編『先史・古代の鹿児島 通史編』二

〇〇六年）
永山修一「平安中・後期の薩摩国・大隅国と南島」（鹿児島県教育委員会編『先史・古代の鹿児島　通史編』二〇〇六年）
服部英雄「宗像大宮司と日宋貿易―筑前国宗像唐坊・小呂島・高田牧―」（『境界からみた内と外―『九州史学』創刊五〇周年記念論文集　下―』二〇〇八年）
都城市史編さん委員会『都城市史　史料編　古代・中世』（二〇〇一年）
野口　実「鎮西における平氏系武士団の系譜的考察」（同『中世東国武士団の研究』髙科書店、一九九四年、初出一九九一年）
野口　実「薩摩と肥前」（『鹿児島中世史研究会報』五〇、一九九五年）
野口　実「島津荘の成立」（都城市史編さん委員会『都城市史　通史編　自然・原始・古代』第三編第四章、一九九七年＊）
野口　実「東の武士団、西の武士団―中世の武士の実像―」（阿蘇品保夫ほか『熊本歴史叢書3　中世乱世を駆けた武士たち』熊本日日新聞社、二〇〇三年）
野口　実「藤原隆家―刀伊賊撃退の立役者―」（元木泰雄編『古代の人物6　王朝の変容と武者』清文堂、二〇〇五年）

南島交易と摂関家の爪牙

井原今朝男「荘園制支配と惣地頭の役割」（『歴史学研究』第四四九号、一九七七年）
大森金五郎『武家時代の研究』第一巻（冨山房、一九二三年）

小川弘和「摂関家領島津荘と〈辺境〉支配」(熊本学園大学論集『総合科学』第一三巻第二号、二〇〇七年)
久保智康「鏡の製作と流通をめぐる諸問題」(『考古学ジャーナル』第五〇七号、二〇〇三年)
栗畑光博「島津荘は無主の荒野に成立したのか」(『南九州文化』第一〇九号、二〇〇九年)
栗畑光博「島津荘の成立をめぐる諸問題」(『地方史研究』第五九巻第五号、二〇〇九年)
重久淳一「大隅正八幡宮の空間と中世前期の様相」(小野正敏ほか編『一遍聖絵を歩く—中世の景観を読む—』高志書院、二〇一二年)
清水　亮「初期鎌倉幕府の九州支配における没官領地頭の意義」(同『鎌倉幕府御家人制の政治史的研究—九州における天野氏の地頭職獲得過程—』校倉書房、二〇〇七年、初出二〇〇一年)
谷口武範編『大島畠田遺跡』(宮崎県埋蔵文化財センター調査報告書第一八集、二〇〇〇年)
永山修一「平安時代前期の薩摩国・大隅国」(鹿児島県教育委員会編『先史・古代の鹿児島 通史編』二〇〇六年)
永山修一「平安中・後期の薩摩国・大隅国と南島」(鹿児島県教育委員会編『先史・古代の鹿児島 通史編』二〇〇六年)
西村　隆「平氏『家人』表—平氏家人研究への基礎作業—」(『日本史論叢』第一〇号、一九八三年)
樋口健太郎「平安末期における摂関家の「家」と平氏—白川殿盛子による「家」の伝領をめぐって—」(『ヒストリア』第一八九号、二〇〇四年)
元木泰雄『保元・平治の乱を読みなおす』(日本放送出版協会、二〇〇四年)

都城市史編さん委員会『都城市史　史料編　古代・中世』（二〇〇一年）
柳原敏昭「中世前期南九州の港と宋人居留地に関する一試論」（同『中世日本の周縁と東アジア』吉川弘文館、二〇一一年、初出一九九九年）
野口　実「薩摩・琉球地域」（岡田清一ほか編『中世日本の地域的諸相』南窓社、一九九二年＊）
野口　実「薩摩と肥前」（『鹿児島中世史研究会報』五〇、一九九五年＊）
野口　実「島津荘の成立」（都城市史編さん委員会『都城市史　通史編　自然・原始・古代』第三篇第四章、一九九七年＊）
野口　実「牛車の行装」（『土車』第九八号、二〇〇一年＊）
野口　実「法住寺殿造営の前提としての六波羅」（髙橋昌明編『院政期の内裏・大内裏と院御所』文理閣、二〇〇六年）
野口　実『源氏と坂東武士』（吉川弘文館、二〇〇七年）
野口　実「京都七条町から列島諸地域へ―武士と生産・流通―」（入間田宣夫編『兵たちの時代Ⅱ　兵たちの生活文化』高志書院、二〇一〇年＊）
野口　実『武門源氏の血脈　為義から義経まで』（中央公論新社、二〇一二年）

九州に進出する幕府御家人

網野善彦『東と西の語る日本の歴史』（そしえて、一九八二年）
石井　進「『日蓮遺文紙背文書』の世界」（小川信編『中世古文書の世界』吉川弘文館、一九九一年）
井上辰雄『熊襲と隼人』（教育社、一九七八年）

入間田宣夫「守護・地頭と領主制」(『講座日本歴史』三、東京大学出版会、一九八四年)
海津一朗「鎌倉時代における東国農民の西遷開拓入植」(中世東国史研究会編『中世東国史の研究』東京大学出版会、一九八八年)
金沢正大「平家追討使三河守源範頼の九州進攻」(『政治経済史学』第三〇〇号、一九九一年)
金沢正大「三河守源範頼の九州進駐に関する一考察」(『政治経済史学』第三四四号、一九九五年)
河田光夫「古代中世の猟漁民」(『京都部落史研究所紀要』六号、一九八六年)
竹内理三「薩摩の荘園」(『史淵』第七五輯、一九五八年)
中村明蔵『隼人の楯』(学生社、一九七八年)
原口虎雄『鹿児島県の歴史』(山川出版社、一九七三年)
福田豊彦『千葉常胤』(吉川弘文館、一九七三年)
正木喜三郎「府領考」(竹内理三編『九州史研究』御茶の水書房、一九六八年)
山本幸司「『平家物語』か『吾妻鏡』か─史料としての比較、二題─」(神奈川大学大学院民俗資料学科『歴史民俗資料学研究』第四号、一九九九年)
湯浅治久「肥前千葉氏に関する基礎的考察─地域と流通の視点から─」(同『中世東国の地域社会史』岩田書院、二〇〇五年、初出一九九六年)
野口　実『坂東武士団の成立と発展』(戎光祥出版、二〇一三年、初出一九八二年)
野口　実「相撲人と武士」(中世東国史研究会編『中世東国史の研究』東京大学出版会、一九八八年)
野口　実「薩摩社会の史的考察─地域社会の理解と前進のために─」(鹿児島経済大学『地域総合研

究』一七巻三号、一九九〇年）
野口　実「惟宗忠久をめぐって―成立期島津氏の性格―」（同『中世東国武士団の研究』高科書店、一九九四年、初出一九九一年）
野口　実「千葉氏と西国」（同『中世東国武士団の研究』高科書店、一九九四年、初出一九九一年）
野口　実『武家の棟梁の条件―中世武士を見なおす―』（中央公論社、一九九四年）
野口　実「薩摩と肥前」（『鹿児島中世史研究会報』五〇、一九九五年）
野口　実「地頭―川合康氏の地頭論と社会史の視角から―」（『歴史と地理』第四九二号、一九九六年＊）
野口　実「東国武士と京都」（山田邦和編『京都・激動の中世―帝と将軍と町衆と―』京都文化博物館、一九九六年＊）
藤原良章「鎌倉街道―すべての道は鎌倉へ―」（『別冊歴史読本』第二四巻第三〇号、一九九九年）

武士の列島展開と京都

茨城県立歴史館編『常設展示解説　茨城の歴史をさぐる（改訂版）』（二〇〇七年）
内山俊身「鎌倉街道に沿って―関戸の中世―」（『総和町史　通史編　原始・古代・中世』二〇〇五年）
大河直躬『番匠―ものと人間の文化史―』（法政大学出版局、一九七一年）
大澤伸啓「鎌倉時代関東における浄土庭園を有する寺院について」（『唐澤考古』第一二号、一九九三年）
京都国立博物館特別展覧会図録『金色のかざり―金属工芸にみる日本美―』（二〇〇三年）

久保智康「鴛鴦文銅象嵌鏡轡について―法住寺殿出土轡との比較を中心に―」(『岩手県文化振興事業団埋蔵文化財調査報告書第三一二集　志羅山遺跡第46・66・74次発掘調査報告書　一関遊水地事業関連遺跡発掘調査』二〇〇〇年)
久保智康「鏡の製作と流通をめぐる諸問題」(『考古学ジャーナル』第五〇七号、二〇〇三年)
久保智康「中世南九州における神社への銅鏡奉納」(黎明館企画特別展図録『祈りのかたち―中世南九州の仏と神―』二〇〇六年)
五味文彦「日宋貿易の社会構造」(今井林太郎先生記念論文集刊行会編『今井林太郎先生喜寿記念　国史学論集』河北印刷、一九八八年)
村上伸二「嵐山町平沢寺と周辺遺跡」(埼玉県立嵐山史跡の博物館編『東国武士と中世寺院』高志書院、二〇〇八年)
保立道久『義経の登場　王権論の視座から』(日本放送出版協会、二〇〇四年)
美川　圭「京・白河・鳥羽　院政期の都市」(元木泰雄編『日本の時代史7　院政の展開と内乱』吉川弘文館、二〇〇二年)
野口孝子「『殿』と呼ぶ心性―平安貴族社会の邸宅表記―」(『日本歴史』第七六二号、二〇一一年)
野口　実「京都七条町の中世的展開」(『京都文化博物館(仮称)研究紀要　朱雀』第一集、一九八八年)
野口　実「京都七条町から列島諸地域へ―武士と生産・流通―」(入間田宣夫編『兵たちの時代Ⅱ　兵たちの生活文化』高志書院、二〇一〇年＊)

エピローグ

川合　康「中世武士の移動の諸相—院政期武士社会のネットワークをめぐって—」（メトロポリタン史学会編『歴史のなかの異動とネットワーク』桜井書店、二〇〇七年）
佐々木紀一「北条時家略伝」（『米沢史学』第一五号、一九九九年）
満田さおり「鎌倉幕府御所の空間について」（京都女子大学宗教・文化研究所ゼミナール『紫苑』第六号、二〇〇八年）
山本みなみ「北条時政とその娘たち—牧の方の再評価—」（『鎌倉』第一一五号、二〇一三年）
野口　実「流人の周辺」（同『中世東国武士団の研究』高科書店、一九九四年、初出一九八九年）
野口　実「戦士社会の儀礼—武家故実の成立—」（福田豊彦編『中世を考える　いくさ』吉川弘文館、一九九三年）
野口　実「「京武者」の東国進出とその本拠地について」（京都女子大学宗教・文化研究所『研究紀要』第一九号、二〇〇六年）
野口　実「伊豆北条氏の周辺」（京都女子大学宗教・文化研究所『研究紀要』第二〇号、二〇〇七年）

著者紹介
一九五一年、千葉県に生まれる
一九七三年、青山学院大学文学部史学科卒業
一九八一年、青山学院大学大学院文学研究科史学専攻博士課程修了
現在、京都女子大学名誉教授、同大学宗教・文化研究所客員研究員、文学博士

主要編著書
『伝説の将軍 藤原秀郷』(吉川弘文館、二〇〇一年)
『源氏と坂東武士』(吉川弘文館、二〇〇七年)
『源義家—天下第一の武勇の士—』(山川出版社、二〇一二年)
『治承〜文治の内乱と鎌倉幕府の成立』(編、清文堂出版、二〇一四年)
『東国武士と京都』(同成社、二〇一五年)

歴史文化ライブラリー
446

列島を翔ける平安武士
九州・京都・東国

二〇一七年(平成二十九)四月一日 第一刷発行

著者 野《の》口《ぐち》実《みのる》
発行者 吉川道郎
発行所 株式会社 吉川弘文館
東京都文京区本郷七丁目二番八号
郵便番号一一三—〇〇三三
電話〇三—三八一三—九一五一〈代表〉
振替口座〇〇一〇〇—五—二四四
http://www.yoshikawa-k.co.jp/
印刷=株式会社 平文社
製本=ナショナル製本協同組合
装幀=清水良洋・陳湘婷

ISBN978-4-642-05846-9

歴史文化ライブラリー

1996. 10

刊行のことば

現今の日本および国際社会は、さまざまな面で大変動の時代を迎えておりますが、近づきつつある二十一世紀は人類史の到達点として、物質的な繁栄のみならず文化や自然・社会環境を謳歌できる平和な社会でなければなりません。しかしながら高度成長・技術革新にともなう急激な変貌は「自己本位な刹那主義」の風潮を生みだし、先人が築いてきた歴史や文化に学ぶ余裕もなく、いまだ明るい人類の将来が展望できていないようにも見えます。

このような状況を踏まえ、よりよい二十一世紀社会を築くために、人類誕生から現在に至る「人類の遺産・教訓」としてのあらゆる分野の歴史と文化を「歴史文化ライブラリー」として刊行することといたしました。

小社は、安政四年（一八五七）の創業以来、一貫して歴史学を中心とした専門出版社として書籍を刊行しつづけてまいりました。その経験を生かし、学問成果にもとづいた本叢書を刊行し社会的要請に応えて行きたいと考えております。

現代は、マスメディアが発達した高度情報化社会といわれますが、私どもはあくまでも活字を主体とした出版こそ、ものの本質を考える基礎と信じ、本叢書をとおして社会に訴えてまいりたいと思います。これから生まれでる一冊一冊が、それぞれの読者を知的冒険の旅へと誘い、希望に満ちた人類の未来を構築する糧となれば幸いです。

吉川弘文館